现代学前教育理论与管理研究

范海霞 ◎ 著

吉林人民出版社

图书在版编目（CIP）数据

现代学前教育理论与管理研究 / 范海霞著． -- 长春：
吉林人民出版社，2022.12
　　ISBN 978-7-206-19798-7

　　Ⅰ．①现… Ⅱ．①范… Ⅲ．①学前教育－教育理论②
学前教育－教育研究 Ⅳ．① G61

中国国家版本馆 CIP 数据核字 (2023) 第 022790 号

现代学前教育理论与管理研究
XIANDAI XUEQIAN JIAOYU LILUN YU GUANLI YANJIU

著　　者：范海霞
责任编辑：张　草　　　　　　　　封面设计：李　宝
出版发行：吉林人民出版社（长春市人民大街 7548 号　邮政编码：130022）
印　　刷：廊坊市广阳区九洲印刷厂
开　　本：787mm×1092mm　　　　　1/16
印　　张：9　　　　　　　　　　字　　数：150 千字
标准书号：ISBN 978-7-206-19798-7
版　　次：2022 年 12 月第 1 版　　印　　次：2022 年 12 月第 1 次印刷
定　　价：68.00 元

如发现印装质量问题，影响阅读，请与印刷厂联系调换。

前　　言

目前，世界经济一体化发展进程速度不断加快。在这个以科学技术为第一生产力的新时代背景下，各种专业人才成为建设国家、提高国家综合竞争实力和促进国家持续发展的中坚力量。世界各国越来越重视各种人才的培养和教育，而各个家庭也深刻意识到，孩子的教育要从小抓起，因此，学前教育越来越受到社会关注，社会和家长更是对学前教育提出了新要求。要想进一步提高学前教育质量，当务之急就是有效加强学前教育管理，基于此，笔者在本书中首先简明分析学前教育的重要作用，其次从不同角度入手，探索在学前教育管理中面对的各种实际问题和学前教育管理改进措施，以期进一步促进我国教育事业的全面、健康发展。

近年来，我国教育事业得到长足发展，尤其是在学前教育方面，教学形式多样化发展趋势越来越明显。从某种层面上来说，学前教育阶段是孩子初步接触教育教学的时期。这一时期的孩子正处在懵懂阶段，对任何事物的了解和认识都不够清晰。因此，科学性的学前教育管理，会对孩子后期学习行为和思想观念以及待人接物产生重大影响。

笔者呼吁通过强化教师队伍建设、借助信息化助推学前教育等措施，有效促进学前教育管理水平的提升，以便为我国教育事业的良性发展添砖加瓦。

为了提升本书的学术性与严谨性，在撰写过程中，笔者参考了很多的文献资料，引用了诸多专家与学者的研究成果，在此表示最诚挚的感谢。由于时间仓促，加之笔者水平有限，在撰写过程中难免存在不足的地方，希望各位读者不吝赐教，提出宝贵的意见，以便笔者在今后的学习中加以改进。

范海霞

2022 年 4 月

目　录

第一章　学前教育概述

第一节　学前教育与学前教育学

一、学前教育的概念及界定

什么是学前教育？对于这个概念的定义目前并不明确。由于各国的经济发展、教育制度、教育传统的不同，学前年龄阶段的划分在各国是不同的。有的国家学前年龄为 2~6 岁，也有的国家学前年龄为从出生到 6 岁或 7 岁。过去各个国家更多关注 3~6 岁幼儿的教育，但随着社会的进步和教育事业的不断发展，学前教育关注的年龄范围在不断向前延伸。我国有很大一部分学者认为，学前教育是指从出生到 6 岁之间儿童所接受的教育，包括 0~3 岁的婴儿教育和 4~6 岁的幼儿教育两个阶段。但是由于遗传学、优生学的发展，人们不仅高度重视婴儿教育和幼儿教育，而且日渐重视胎儿教育，并且认为，胎儿是可以通过有意识"宫内学习"在出生后具有同龄孩子不具有的智力水平以及良好的个性。因此，很多科学家表明零岁教育太晚了，提倡采用多种胎教方法，使孩子今后的人生变得更加幸福、更加有意义。所以国外的一些学者提出学前教育应该是从胎儿到正式受教育前这段时间所接受的教育。目前，我国认为学前教育是指对胎儿至进入小学前的儿童所进行的教育、组织的活动和施加的影响，它的教育对象包括胎儿、婴儿（0~3 岁）、幼儿（4~7 岁）。

首先，古今中外很多教育家都提出了胎教的思想，认为这是人生教育的起点，对儿童未来的生活会产生很大影响。《颜氏家训集解》中记载了圣王的胎教之法，"怀子三月，出居别宫，目不邪视，耳不妄听"。现代生理科学表明，胎儿在 5 个月的时候，其听觉系统已经基本完善，6 至 7 个月时已经能分辨母亲的情感，若孕妇能在这个时段注意保持良好的饮食、情绪等，对胎儿的成长将十分有利。1991 年，上海第一妇婴保健院创办了国内第一所胎儿学校，帮助孕妇获得胎教知识，掌握胎教技能，提高胎教的质量。

其次，婴儿期是人的一生中生长、发展最迅速且变化最大的阶段。一些关于婴儿发展的研究表明，婴儿的发展特别快，婴儿期是感知、动作、语言、个性的发展发生巨大变化的重要时期。特别是大脑和神经系统的发展，需要外界不断给予合理并且丰富的营养和刺激，进行相应的教育和训练，以促进儿童的智力发展。如果婴儿出生后缺乏教育和训练，婴儿的大脑发育就会受到阻碍，其潜在的智力也将无法开发。因此，我们应该充分认识婴儿教育的重要意义。

最后,幼儿期是儿童身心发展的关键期。对幼儿进行教育,就能使幼儿得到更好的发展,这也是目前人们最关注的一个学前年龄阶段。这一时期幼儿不仅在身体上得到了发展,更重要的是思维和心理较之以前有了明显的提高。因此,幼儿期的良好教育,不仅为孩子进入小学提前做好准备,而且为将来成为有知识、有能力、有理想、有修养的新一代公民奠定良好的基础。幼儿期教育还可以培养幼儿良好的卫生习惯和生活习惯,培养幼儿对社会、对集体、对他人、对自己的正确认识,激发幼儿对学习的浓厚兴趣和对创造的强烈愿望。

二、学前教育学的研究对象和任务

(一)学前教育学的研究对象

学前教育学是教育学的一个分支学科,是专门研究学前教育现象、揭示学前教育规律的科学,其研究对象是指从胎儿到进入小学前的儿童,而目前我国主要集中在婴儿和幼儿阶段。学前教育的基本理论,不仅对托儿所、幼儿园、早教中心等教育机构具有重要的指导作用,而且对家庭教育也起到重要的参考和借鉴作用。因此,学前教育学的研究范围不仅包括学前社会教育,也包括学前家庭教育。

(二)学前教育学的内容

学前教育学主要研究和阐明以下内容:本门学科的对象、任务和学前教育学的产生和发展;学前教育和社会的关系;学前教育与儿童发展的关系;教育目的和学前教育任务;幼儿的全面发展;学前教育课程;学前游戏;学前教学;托儿所、幼儿园与家庭;托儿所、幼儿园、小学在教育上的配合和衔接;婴幼儿教师培训及学前教育科学研究等。

(三)学前教育学的任务

学前教育学的任务有三个:第一,总结我国学前教育的经验,研究学前教育基本理论,引进国外学前教育的理论和实践,以探讨我国学前教育的规律及今后发展的总体趋势;第二,通过对学前教育实践的理论研究,用科学的教育观念指导学前教育实践,不断提高学前教育机构和家庭的科学教育水平;第三,学前教育学的有关基本理论,可为国家和有关部门制定学前教育的政策、措施和进行教育改革提供理论依据和策略思想。

第二节　学前教育机构

一、学前教育机构的产生

18世纪末至19世纪初，由于大机器生产的产生和发展，冲击了一家一户的生产方式，大量小农和手工业者破产、失业，大批妇女为了生活，走出家庭，寻找职业。资产阶级为了获取廉价的劳动力雇用了大批女工和童工，残酷剥削他们，每天劳动的时间长达16个小时，导致幼儿无人照顾，流落街头，智力落后，死亡率极高，造成了极其严重的社会问题。因此，在资本主义发展较早的国家，由于社会发展的需要，一些慈善家、工业家开始创办幼儿公共教育，从而开创了幼儿社会教育的历史。

1816年，英国空想社会主义者欧文在苏格兰的纽兰纳克创办了一所幼儿学校，目的是寻求儿童特别是社会底层家庭儿童的生存、健康和幸福之路，这堪称是欧洲最早的幼儿教育机构。

（一）早期的学前教育机构类型

早期的学前教育机构主要有下面3个类型。

1. 日托中心

1844年，第一所日托中心在巴黎建设，目的是保护婴幼儿的身体健康，防止出现死亡。1854年，纽约市的保育室与儿童医院开办了美国第一所日托站；到1897年，这样的日托机构大约已有175所。

2. 托儿所

第一个托儿所是由麦克米伦姐妹于1911年在英国建立的，她们提出让儿童学习语言、颜色、形状、阅读、书写、算术与科学。早期创办的这些托儿所大约有一半以上都附设在大专院校内。1933年，在经济不景气之时，联邦政府紧急救济署批准建立托儿所为失业人员提供就业机会；到1938年，先后为200000贫困儿童提供了良好的照顾和教育机会。

3. 幼儿园

1837年，福禄贝尔在德国勃兰根堡开办了一所招收1~7岁儿童的教育机构，1840年命名为"幼儿园"（Kindergarten）。福禄贝尔尊重儿童，把游戏看作严肃而有意义的活动。他的思想为今后的幼儿园教育奠定了极其重要的基础。

（二）我国第一所幼儿园的诞生

清末"洋务运动"后期，两户总督张之洞宣扬"中学为体""西学为用"，倡办新式教育。湖北巡抚端方于 1903 年在武昌创办湖北幼稚园，至此，我国第一所学前儿童教育机构正式诞生。这所机构的办园方针和方式均采用日本模式，特聘请了 3 名日本女师范生任教。在幼稚园的《章程》上规定，其教育保育任务包括发展身体、开发智能、培养行为习惯三个方面，同时规定招收对象为 5~6 岁儿童，学期 1 年，收托时间为每日 3 小时。开设的科目有行仪、训话、幼稚园语、日语、手技、唱歌、游戏共 7 项。入园除饭费外，其他如服装、图书等都是由官备。湖北幼稚园后改名为蒙养院，原址现为湖北武昌幼儿师范学校附属幼儿园。

1904 年，由张之洞、张百熙、容庆合订的《奏定学堂章程》即癸卯学制，其中就包括蒙养院制度。癸卯学制第一次用国家学制的形式把学前教育机构的名称确定下来，把社会学前教育机构的地位固定下来，使得蒙养院成为我国最早的学前教育机构。可以说，癸卯学制所确定的蒙养院，是我国幼儿教育史上具有划时代意义的里程碑。

二、学前教育机构的发展

目前学前教育机构的形式多种多样，主要有以下 7 种。

（一）胎儿学校

胎儿学校是对胎儿进行教育的专门场所，主要是由医务部门进行管理。胎儿学校招收的对象是孕妇和丈夫，教育方式是让孕妇对胎儿说话，听音乐，适当拍打、抚摸肚皮上的一定部位，使胎儿出生后的学习更容易、发育更正常，同时可以巩固家庭关系。国外胎教学校的产生早于我国。

（二）托儿所

托儿所是对 0~3 岁的儿童进行教育的专门机构，全天开放。托儿所的儿童按月份或年龄分班，1 岁以下的儿童在托小班，1 岁以上、2 岁以下的儿童入托中班，2 岁以上、3 岁以下的儿童进托大班。现阶段我国托儿所主要是为 1 岁以上的儿童服务的，每个班级的儿童数量都较多，往往在 30 名以上，却只有 2 名保育员照看，且保育员仅只是受过较少的培训。与国外发达国家的托儿所相比，我国托儿所招收的儿童起始年龄稍大，班级规模较大，师生比例偏高，物质设施也较差，保育员的专业知识与技能均差强人意。

（三）幼儿园

幼儿园是对 3~6 周岁的儿童进行教育的专门机构，主要由教育部门负责。儿童按年龄分班，小班一般有 25 名幼儿，中班有 30 名幼儿，大班有 35 名幼儿；每班有两名教养员、1 名保育员，有的两个班级合用 1 名保育员。例如，教养员职前需要经过专门的幼教师资培训，还要接受在职的学历培训和业务提高训练。如上海市要求幼儿园教师职前要有中专以上的学历，在职要有大专以上的学历，2010 年以后，部分教师的学历要达到大学本科及以上的水平。

（四）托幼园所一体化

有些学前教育机构是托儿所、幼儿园连在一起的，招收出生几个月至 6 周岁的儿童。这种机构主要是由工厂兴办，由厂工会负责管理监督，根据工人上下班时间制订作息时间，解除家长后顾之忧，实行 24 小时开放。

（五）幼儿班

幼儿班也被称为学前班，多半建于城镇、农村，附设在小学学校内，作息时间与小学同步进行。幼儿班招收学前一年的儿童，按年龄分班，有的招收学前几年的儿童，混龄编班；每班约 40 名儿童，由 1 名教师负责教授各个学科。

（六）儿童福利院

儿童福利院也被称为儿童教养院，是一种招收残疾儿童的社会福利机构。我国的儿童福利院由国家和地方民政部门管理，原则上招收被父母遗弃的 0~15 岁的残疾儿童，这些儿童按年龄、残疾程度分班。儿童福利院重视锻炼残疾儿童，帮助他们恢复已丧失的身体机能。

（七）"SOS"国际儿童村

"SOS"是"Save Our Soul"的简称，意为拯救我们的灵魂，是国际通用的呼救信号。"SOS"国际儿童村是收养孤儿的国际慈善组织，于 1949 年由奥地利医学博士哥麦纳在维也纳创办，旨在给儿童"母爱"。我国于 1986 年在天津、烟台、武汉等地也建立了儿童村，一切费用由国际儿童村总部负责。儿童村内建有若干个家庭，每个家庭由 5~7 名孤儿和 1 位"妈妈"组成。"妈妈"大都是从当地女青年中招聘，年龄在 25~30 岁之间，经过培训、实习，并与儿童村签订 7 年合同，履行教育职责。

第三节　学前教育学的形成与发展

学前教育学随着社会的发展而逐步发展，直到 19 世纪中期，开始成为一门独立的学科。研究学前教育学这门学科形成和发展的过程，可以比较透彻地认识这门学科的现状和存在的问题，能够预测将来发展的趋势，明确今后研究的具体方向。

一、孕育阶段（16 世纪以前）

在这一时期，教育学尚未独立，因此，学前教育思想混杂在一些哲学、政治或者神学、伦理学之中，且为零星、片断的。

从人类原始社会开始，就逐渐积累了教养儿童的经验，出现了儿童教育思想的萌芽。我国一些古书中很早就有关于学前教育的记载。如《大戴礼》的《保傅》篇中曾记有殷周统治者如何注意胎教，如何为太子选择保傅人员，使太子"自为赤子时，教固已行矣"。《礼记》中的《内则》篇中提出关于小儿出生后选择保姆的要求及从儿童能言时便要进行教育，"凡生子，择于诸母与可者，必求其宽裕、慈惠、温良、恭敬。慎而寡言者，使为子师，其次为慈母，其次为保姆，皆居子室，他人无事不往"。魏晋南北朝的颜之推在《颜氏家训》中提出，对儿童应该从"婴稚"时期起"便加教诲"，认为俗谚"教儿婴孩"，并强调父母对年龄幼小的子女不能"无教而有爱"。宋代朱熹也特别重视儿童入学以前的教育，主张"生子必择乳母""乳母之教，所系尤切"，必须选择品德良好的乳母，才有利于婴幼儿的保教。

国外一些哲学家、思想家很早就提出关于学前教育的一些看法和主张。古希腊的哲学家柏拉图（Plato，公元前 427—前 437 年）在他的著作《理想国》中，不仅明确指出了学前教育的重要性，而且第一次提出了学前社会教育的主张。儿童出生后交给国家特设的养育所，由专门的保姆抚养，母亲去喂奶。3~6 岁的儿童集中在神庙附近的儿童场所，国家委派优秀女公民教育他们。他还认为学前儿童应该以游戏和讲故事活动为主，这样才可以发展儿童的自然才能。

古希腊的哲学家亚里士多德（Aristotle，公元前 382—前 322 年）在其《政治论》中主张学前教育和胎教（即优生）。他是第一个尝试用年龄分析的方法把人从出生开始每 7 年划分为一个阶段，直到 21 岁止。教育家昆体良在《雄辩术原理》中也指出："婴儿时期的所得就是青年时期的收获，凡是每位儿童应该学习的东西就应该早点开始。"

但是从 15 世纪以后，欧洲进入黑暗的中世纪，文化和教育几乎被教会垄断，当时宗教教义认为儿童天生是有罪的，所以在教育上一味压制儿童，培养儿童驯服，教育处于停滞和衰退状态，学前教育思想发展得很缓慢。

二、萌芽时期（16 世纪至 18 世纪）

在此阶段，欧洲发生了文艺复兴运动，出现了前所未有的文学艺术和科学技术的繁荣，教育科学得到发展。教育学已从哲学当中分离出来，成为一门独立的科学。这一阶段的学前教育理论比前一阶段更加系统，具有完整性和现实性。夸美纽斯（1592—1670 年）是 17 世纪捷克著名教育家，也是研究幼儿教育最早的理论家之一。在西方学前教育史上，夸美纽斯第一次专门为学前儿童的父母写了教育指南《母育学校》以及学前儿童所使用的教材《世界图解》。其中，《母育学校》可以说是世界上第一部系统地论述在家庭教育形式下学前儿童教育的专门著作。与此同时，夸美纽斯也是第一位从幼儿的年龄特征来论证上述方面问题的教育思想家。他主张以6年为期来划分教育阶段，其中最初的阶段是0~6岁，由母亲进行教育。他很重视儿童的游戏，反对在幼儿期进行读写的教育，并且认为，儿童天性好动，他们血气旺盛不许他们静止，因此，"凡是儿童喜欢玩的东西，只要对儿童没有什么损害，那么就应该让他们去玩并得到满足，而不应该去阻止他们。"他认为给儿童以活动的自由有三大好处：一是锻炼身体，增进健康；二是运用和磨炼思想；三是练习四肢、五官，趋于灵活。至于活动方式，夸美纽斯认为游戏这种活动方式最适合于幼儿。

在这一时期，影响较大的教育著作还有英国教育家洛克的《教育漫话》，法国教育家卢梭的《爱弥儿》、瑞士教育家裴斯泰洛齐的《林哈德与葛笃德》。

洛克在《教育漫话》一书中，用大量的篇幅深度分析了儿童的各种需求、行为表现及生理特征，进而提出了儿童体育、美育、德育和智育的具体建议。他还根据培根的"经验论"提出了"白板说"。他认为，人心中没有天赋的观念，人生来就如一块白板，理性和知识都从经验中得来。他的这一观点，肯定了环境和教育产生对人的巨大影响，但却忽视了儿童的遗传素质和主观能动性对个人发展的影响，没有意识到环境、教育、遗传和个人主观能动性之间的辩证关系。

卢梭在《爱弥儿》一书中，对封建的旧教育进行了猛烈的批判。他认为，儿童的天性是好的，教育应严格遵循儿童发展的自然规律，顺应儿童的天性，父母应该教养孩子，努力提高孩子的体质，让孩子进行体育锻炼，发展孩子的感觉和语言。他还首次详细地论述了"发现法"，主张对孩子进行直观教学，让孩子在活动中自然成长。卢梭确立的以儿童为本位的教育观，一方面唤起了人们对儿童天性的注意和尊重，另一方面开创了儿童中心的主义或放任教育的先河。裴斯泰洛齐（1746—1827年）的教育活动是以幼儿教育为中心的，他非常重视幼儿教育的作用，认为儿童不是自然地、自发地发展，只有适当的教育"才能使人成为人"。

三、初创阶段（18世纪后期至20世纪前半期）

（一）西方学前教育的发展

在一这时期，学前教育学从普通教育学中分化出来，开始成为一门独立学科，并逐步发展起来。学前教育学的创立是从德国教育家福禄贝尔开始的。

1. 福禄贝尔教育思想

福禄贝尔在夸美纽斯和法国启蒙思想家卢梭的影响下，又接受了瑞士教育家裴斯泰洛齐的儿童教育思想，于1837年在布兰肯堡创设了一所收托1~7岁儿童的教育机构，1840年命名为幼儿园。他的代表作《人的教育》主要论述了关于婴儿期、幼儿期及少年期的发展和教育，阐明了其学前教育思想，这标志着学前教育学已成为一门独立的科学。他主要的学前教育思想有以下几点。

（1）教育应当适应儿童的发展。他认为教育要遵循儿童的自然本性，实现儿童的天然禀赋。学前儿童不是成人的缩影，幼儿园的教育内容应和学校不同，他为学前儿童创设了一所不用书本的学校。

（2）教育是以儿童的自我活动为基础。儿童是天生善良的，儿童通过自我活动实现内部的发展。教师只为儿童提供条件，不进行过多的干预，必要时才要儿童服从一定的要求。他还认为儿童生活在社会中，要非常重视儿童与他人的交往和应有的品德。

（3）游戏有重要的教育价值。他认为"儿童早期的各种游戏，是一切未来生活的胚芽……人的整个日后生活……他的渊源都在儿童早期"。"游戏是内部存在的自我活动的表现"，也是一种创造性的生活，促进儿童的早熟与学习，并在幼儿园的教育方案中把游戏作为主要活动。恩物是福禄贝尔为儿童设计的一系列活动玩具材料，是根据自然界的法则、性质、形状等用简易的物体制成的，从而作为儿童了解自然、认识自然的初步训练。福禄贝尔设计的恩物有 20 种，前 10 种是分解恩物，着重于引导儿童的发现，是带有游戏性的恩物；后 10 种为综合恩物，着重于引导儿童的发明与创造，是带有作业性的恩物。恩物教学的主要宗旨，就是从恩物的游戏中训练儿童的感觉，让儿童明确整体和统一的概念。

作为世界上第一所幼儿园的创立者，福禄贝尔是近代幼儿教育理论与实践的奠基人。尽管他的理论与实践带有宗教神秘主义和形式主义的色彩。但是，他推动了世界范围内的幼儿园运动的兴起和发展，而被世人誉为"幼儿教育之父"。在 20 世纪初期，他所制定的幼儿园教育体系也是当时国际最流行的，他创立的幼儿园作为一种教育机构的形式一直被沿用到现在，他的幼儿园教育理论至今对世界各国的幼儿教育工作者依旧有启蒙的作用。

2. 蒙台梭利教育思想

蒙台梭利是继福禄贝尔之后对学前教育理论有重大影响的代表人物。被誉为 20 世纪初的"幼儿园改革家"的蒙台梭利原来是意大利一名精神病学医生，她在从事智力落后儿童的教育工作后，通过学习和研究教育，她相信把自己的方法和经验用于正常儿童的教育上一定会更有效，于是就转向了正常幼儿的教育。于 1907 年在罗马贫民区建立了学前教育机构——儿童之家，并用生理学和心理学的知识及系统观察法和实验法等科学研究方法，进行教育实验，提出自己的学前教育理论，推进学前教育学的发展。她在 1909 年写成《蒙台梭利教学法》，还著有《蒙台梭利手册》《童年的秘密》《新世界的教育》《蒙台梭利基本的教材》《教育的自发活动》等书。

蒙台梭利的教育思想是以她的儿童观为依据的。蒙台梭利认为 6 岁之前的儿童本身具有一种吸收知识的自然能力，即所谓的"吸收的心智"。借助于这种能力，儿童能通过与周围环境的密切接触和情感联系，于下意识、不自觉中获得各种印象和文化，从而塑造自己，形成个性和一定的行为模式。另外，蒙台梭利认为儿童对于环境刺激有一定的敏感时期。这种敏感时期与生长时期密切相关，并和一定的年龄相适应，如从出生到 5 岁是语言、感觉发展敏感期；2 岁左右是儿童秩序感发展的高峰期并延续到 3 岁；2 岁半至 5 岁，儿童产生对社会团体生活的兴趣，希望被别人接纳、肯定，也开始学习与人相处的方法。在儿童心理发展的敏感时期对幼儿进行教育、引导和帮助，从而促进幼儿心理的正常发展，并避免延误时机带来的儿童心理发展障碍。蒙台梭利的主要思想有以下三点。

（1）重视教育环境的作用

蒙台梭利认为儿童的发展是个体与环境交互作用的结果，儿童必须依赖与周围环境的交流，才能了解自己、了解环境，才能展现出完整的人格，因此教师的任务在于提供一个环境。

合适的环境要具备以下要素：①自由的气氛（一个自由发展的环境有助于儿童创造自我和实现自我）。除了无意义的、伤害性、破坏性或干扰性的活动要受到限制外，蒙台梭利允许儿童根据自己的需要和爱好自由选择自己喜欢的活动和交往伙伴。②结构和秩序（一个有秩序的环境可以让儿童在那里安静而有规律地生活）。儿童成长的环境应表现出外面世界的结构与秩序，来促使儿童能够了解、接受进而建立自己精神上的秩序。在教室中，各种活动区域要划分明确，各种教具材料应由易到难、由简到繁、错落有致地摆放在高矮适中的教具柜上，并随着儿童发展水平和发展需要不断调整更换。③真实和自然（一个生机勃勃的环境）。环境中的设备应该尽量真实，接近自然生活，以使儿童能够尽早地适应社会，提高实际生活能力。教室中有由儿童照顾的生物和儿童按照实际生活的要求和规则操作的真实材料及实施器材，如冰箱、烤炉、水池、电话、玻璃杯、水果刀、搓板等。④和谐和美感（一个愉快的环境）。环境无须装潢得精巧，布置得纷繁，应简洁明快、协调有朝气。蒙台梭利学校通常都是低层建筑，室内宽敞明亮、色彩柔和，户外安全、洁净，环境中的气氛和缓、轻松、温暖。⑤拥有符合儿童身心发展需要，体现对儿童的教育要求，包含有丰富教育内容的教具材料。

（2）注重感官训练，并设计发展感官的教学材料（重视感觉教育）

蒙台梭利认为儿童正处于发展各种感觉的敏感期，在这一时期如果不进行充分的感觉活动，长大以后不仅难以弥补，而且会使其整个精神受到损伤。因此，她设计了一套发展感官的教材、教具，包括：①帮助儿童辨别物体的光滑、粗糙、冷热、轻重、大小、厚薄、长短及形体的触觉练习教具和活动；②鉴别物体的形状、颜色、大小、长短及形体的视觉练习教具和活动；③使儿童习惯于辨别和比较声音的差别，培养他们初步的审美和鉴赏能力的听觉训练教具和活动；④提高儿童嗅觉和味觉灵敏度的嗅、味觉训练教具和活动。

每种教具和活动着重训练儿童某种特殊的感觉，鼓励、引导他们循序渐进、有针对性地分步骤反复操作。同时，根据儿童的个别差异，采取与之相适应的具有连贯性的步骤和方法，使感觉教育同读、写、算等教学活动有机结合起来，使儿童手脑并用，各种感官相互协调配合，在没有心理压力的情况下，按自己的发展进度自然而然地、不知不觉地进入初步的读、写、算阶段，从感觉走向概念。

（3）强调儿童的主体地位和自我教育

蒙台梭利认为，感觉教育应当严格遵循自我教育的原则，提倡儿童能根据自己的能力和需要去自由选择教具，独立操作，自我矫正。她相信没有一个人是由别人教育出来的，他必须自己教育自己。所以她设计的教具中设有专门的"错误控制"系统，如果儿童没有按照正确的方法去操作，那么其搭的"塔"就会因头重脚轻而倒塌，镶嵌材料就会因尺寸不合而嵌不进孔中。让儿童在操作过程中根据教具的提示进行自我教育，而不需要更多地依靠成人的指点和批评。

蒙台梭利的教育理论也受到不少教育学家的批评，主要是指责她的教育偏重智能而忽视幼儿情感的陶冶，忽视幼儿的社会化活动；感觉其教育教具严重脱离幼儿的实际生活，过于狭隘、呆板，操作法过于机械等。然而，尽管如此，蒙台梭利教育的伟大功绩及对世界幼儿教育的巨大贡献仍是不可否认的。她的理论的基本精神，特别是重视幼儿身心发展特点，重视幼儿的自主性和自我学习，重视环境的作用，以及她对教师作用的观点等，无论在蒙泰梭利的时代还是今天，都具有经久不衰的生命力。

3. 杜威教育思想

美国的杜威是20世纪对幼儿教育理论影响极大的教育家，他的著作主要有《我的教育信条》《学校与社会》《民主主义与教育》《经验与教育》等。尽管杜威没有专门论及幼儿教育和从事幼儿教育的实践，但他的教育理念却成为20世纪早、中期幼儿教育的重要理论基础，对世界许多国家的幼儿教育实践产生了极其深远的影响。杜威宣扬"儿童中心论"，认为教育就是促进儿童的自然生长，教育就是促进儿童经验的改组与改造，教育的过程就是儿童的生活过程。他主张将学校办成一个小型的社会，让儿童在活动中学习。杜威看到了儿童的主观能动性在学习中的重大作用，主张儿童在生活和活动中学习，这是难能可贵的。但是，他过分信任和夸大了儿童自身的学习能力，而忽视了教师的主导作用。

（二）我国学前教育学的发展

我国在19世纪末20世纪初开始注意到设置学前教育机构的重要性，康有为、蔡元培都曾提出儿童公育的主张。20世纪初，各地先后设置了少数幼儿园。我国学前教育理论和幼儿园的实施方面，先仿效日本，后学习欧美，受教会的影响较大。当时还有一些教育家致力于研究和创立适合中国国情的学前教育，其中，陈鹤琴创办了南京鼓楼幼稚园，对幼儿园的课程、教材、教学方法和设备进行了实验研究，他撰写了《儿童心理之研究》《幼稚教育》《家庭教育》等著作；与此同时，陶行知创办了农村和工厂幼儿园，发表了《创设乡村幼稚园宣言》《幼稚园之新大陆》等著作；张雪门主办香山慈幼院的北平幼稚师范学校，并出版了《幼稚园教育概论》《新幼稚教育》《幼稚园的课程》《幼稚园组织法》等著作。这些著作为建立中国学前教育学迈出了划时代的第一步。

1. 著名幼儿教育家陈鹤琴

陈鹤琴先生是我国著名的儿童教育家，主要著作有《儿童心理之研究》《家庭教育》《活教育理论与实施》。他于1923年创办我国最早的幼儿教育实验中心——南京鼓楼幼稚园，对幼稚园的课程、设备等方面进行了实验研究；创立了"活教育"理论，一生致力于探索中国化、平民化、科学化的幼儿教育之路。他还开创了我国儿童心理研究的科研工作，是我国以观察实验法研究儿童心理发展的最早的学者之一。

（1）他反对半封建半殖民地的幼儿教育，提倡发展适合国情的中国化幼儿教育。他批评当时的幼儿园不是抄袭日本就是模仿欧美，生搬硬套外国的教材、教法，完全不顾中国国情，"抄来抄去，到底弄不出什么好的教育来"。他坚决主张"处处以适应本国国情为主体，那些具有世界性的教材教法也可以采用，总以不违反国情为唯一的条件"。与此同时，他积极地推进为中国平民服务，发展民族新一代的幼儿教育，大声疾呼"幼稚园不是专为贵妇们设立的，还要普及工农幼稚园"，并指出这是中国求进步、摆脱半封建半殖民地状况，发展进步合理的社会需要。

（2）他反对死教育，提倡活教育。陈鹤琴先生反对埋没人性的、读死书的死教育。在抗战时代，他抱着实验新教育的使命，创建了活教育。教育的三大目标：①做人、做中国人、做现代中国人；②做中教、做中学、做中求进步；③大自然、大社会是我们的活教材。陈鹤琴先生的活教育体系，对中国幼儿教育的各个方面均产生了重大而深远的影响。

（3）他推行"五指教育"课程理论。陈鹤琴先生反对幼儿园课程脱离实际，主张根据儿童的环境——自然的环境，作为幼稚园课程系统的中心，让儿童能够充分地与实物和人接触，获得直接经验。他把课程内容划分为健康活动、社会活动、科学活动、艺术活动、文学活动五种，并认为这五种活动是一个整体，如人的手指与手掌，手指只是手掌的一部分，其骨肉相连、血脉相通，因此被称作是"五指活动"。

（4）他提倡重视幼儿园与家庭的合作。陈鹤琴先生十分重视家庭对儿童的影响，积极主张幼儿园与家庭合作起来教育儿童。他说："儿童的教育是整体的，是继续的"，只有两方配合，才会有大的效果。

陈鹤琴先生极其丰富的幼儿教育思想和实践是我国幼儿教育的宝贵财富。在我国幼儿教育深入改革的今天，学习和研究他的思想和教育理论，继承和发扬他为幼儿教育事业奋斗的精神，对我们建设有中国特色的幼儿教育理论体系具有十分重大的意义。

2. 人民教育家陶行知

陶行知先生是我国伟大的人民教育家，著有《创设乡村幼稚园宣言书》《幼稚园之新大陆》《如何使幼稚教育普及》。在教育救国的思想影响下，他毕生从事旧教育制度的改革，推行生活教育、大众教育，为我国教育做出了重大贡献。在教育实践过程中，他创立了生活教育理论和教、学、做合一的教育方法。在幼儿教育方面，他主要的贡献和观点如下。

（1）农村幼儿教育事业的开拓者。陶行知先生猛烈地批判旧中国幼儿教育的弊端，坚决主张改革外国化的、费钱的、富贵的幼儿园，建立适合中国国情的、省钱的、平民的幼儿园。他积极宣传中国幼儿教育的新的发展方向，认为工厂、农村是幼儿园的新大陆。特别难能可贵的是，身为留美归来的大学教授，他身体力行地积极推行平民的、乡村的教育，在南京郊区首创了中国第一所乡村幼儿园——南京燕子矶幼儿园，还创建了乡村幼儿师范教育、农村幼教研究会等。他揭露、批评了我国幼稚园的三种病症：外国病、花钱病、富贵病，主张办中国的、省钱的、平民的幼稚园。

（2）生活是教育的中心。陶行知先生认为，生活即教育，游戏即工作，提出以儿童园周围的社会生活、自然现象、家乡生产、风土人情为内容编成教材，以儿童目之所及的地方为教室，以儿童所能接触到的事物为主要内容，参加种植、饲养等劳动，让儿童从中学习，自己解决问题，自己组织游戏，培养出"生龙活虎的体魄、活活泼泼的心灵的儿童来"。

（3）教、学、做合一的教育方法。陶行知先生坚决反对教、学、做分家，他"看见国内学校里先生只管教，学生只管学的情形，就认定有改革的必要"。他说："教学做是一件事，不是三件事。我们要在做上教，在做上学。"

3.幼儿教育家张雪门

张雪门先生曾经在北平主办香山慈幼院的幼稚师范学校和幼稚园。他对幼儿教育理论和幼稚园课程进行研究，出版了不少幼儿教育译著，主要著作有《幼稚园教育概论》《新幼稚教育》《幼稚园的课程》《幼稚园的研究》《幼稚园组织法》等。

四、发展阶段（20世纪后半期至今）

20世纪中期以来，辩证唯物主义的广泛传播以及教育学、心理学、生理学等相邻学科的发展，提高了学前教育学的理论化和科学化水平，学前教育学自此进入了新的阶段。

埃里克森认为，儿童心理发展的阶段是儿童按某一方式被社会化的结果。在儿童社会化历程的不同时期，正在成长中的儿童与社会环境之间存在着普遍的冲突。儿童在不同的发展阶段中面临着不同的发展任务和危机，即儿童心理与社会的矛盾。儿童教养者的行为决定着该阶段儿童心理发展的成败，并构成儿童日后社会行为的原型。它将个体人格和社会性发展划分为8个阶段：①基本的信任对不信任；②自主对羞怯、疑虑；③主动性对内疚；④勤奋对自卑；⑤统一性对角色混乱；⑥亲密对孤独；⑦生殖与停滞；⑧自我整合对绝望。

皮亚杰是一位瑞士心理学家，一开始他对观察自己孩子的发展情况产生了浓厚兴趣，随后便致力于研究他们的行为，特别是研究他们表现出来的推理与判断现象的行为。他在不断观察和调查许多儿童的基础上，形成了儿童思维和学习的理论。皮亚杰明确提出："儿童的认知发展是从感知运动阶段（0~2岁）过渡到前运算阶段（2~7岁），最后到具体运算阶段（7~12岁）"。

可以说，学前教育学是一门年轻的学科，但是由于科学技术的发展和社会上对学前教育的重视，学前教育理论的研究将有很大进展。国外科研成果在下列方面有了进一步发展，如学前教育对儿童发展的作用；家长在儿童教育中的重要作用；儿童语言和认知的发展；儿童情感的发展和儿童行为的研究；幼儿园和小学衔接的实验研究；特殊儿童的教育等。

第四节　学习学前教育学的意义和方法

一、学前教育专业的课程体系

学前教育专业主要是为了培养从事学前教育工作的教师。《学前教育学》是学前教育专业的核心课程，它是为保证学前教育专业的学生达到培养目标的基本要求开设的重要的专业基础课，对大家今后从事学前教育工作打下了坚实的基础。

（一）学前教育专业课程目标和课程体系

1. 学前教育课程目标

学前教育专业课程担负着培养学生养成良好习惯并提高教育专业素质和能力的任务。通过专业课程的学习，使之具有正确的儿童观和相应的行为；具有正确的教师观和相应的行为；具有正确的教育观和相应的行为；具有理解学前儿童的知识和技能；具有教育学前儿童的知识和技能；具有发展自我的知识和技能；具有观摩教育实践的经历和体验；具有研究教育实践的经历和体验。

2. 学前教育专业课程体系

学前教育专业课程系统反映出各自学科的性质，彼此相互独立又相互联系、相互制约构成了一个有机整体。它反映出专业课程体系的整体性功能和学生学习以及知识、能力获得的具体进程。

（二）《学前教育学》与其他专业学科的联系

《学前教育学》《学前卫生学》和《学前心理学》是学前教育专业的基础课程。在这一系统中，《学前卫生学》中的儿童生理知识是学习《学前心理学》中儿童心理知识的基础；这两门学科中的学前儿童生理知识和心理发展知识，使学生充分了解和理解儿童发展技能，从而树立正确的儿童观，又是学习《学前教育学》的基础。从学前教育实践过程来看，学前教育目标的确定，内容、手段、方法、教育形式等的选择和运用，都必须要以了解儿童身心发展特点、水平为主，并在学习《学前教育学》过程中得以运用。

《学前教育学》《学前卫生学》和《学前心理学》这一级学科是学习《学前儿童健康教育》《学前儿童语言教育》《学前儿童社会教育》《学前儿童科学教育》《学前儿童艺术教育》等学科的专业理论基础和专业能力基础。《学前教育学》关于学前教育的基本原理、法规制度、学前教育课程、教育途径与方法；各类教育活动的设计、组织与指导；班集体的管理；学前教育机构与家庭、社区以及小学的衔接等内容都是学前教育基础最核心地位的内容，贯穿整个专业课程体系之中。由此可见，《学前教育学》是学前教育专业的核心课程。

二、学习学前教育学的意义

学习学前教育学可以提高对教师职业的认识，增强对教育功能工作的兴趣和热爱。青年一代是祖国的未来、民族的希望，而培养他们成为现代化建设事业主力军，关键在教师。学好学前教育学，可以帮助我们提高对幼儿教育的认识和了解，并增强对教育事业的热爱。热爱教育事业是人民教师崇高的美德和工作动力，它不仅可以激发我们对教育工作的兴趣，而且可以使我们坚定献身教育事业的责任感。

从学前教育专业学生的知识结构看，学前教育学是其不可或缺的组成部分。合理的知识结构，既是形成技能技巧、适应职业需要的必要条件，又是发展智力、培养能力、焕发创造精神的根本保证。一名没有深厚的教育科学知识的学前教育专业学生，也不可能成为一名出色的学前教育机构的教师。

从学前教育的实际需要看，学前教育学是教师把握教育规律、走向成功的理论指南。教师凭借学前教育学的理论，睿智、敏锐地观察到儿童在教育活动过程中的学习行为和心理反应，恰当地运用客观条件和教育法，集中儿童的注意力，激发他们的积极性，把教育教学过程组织得生动活泼、富有成效，这与只会让儿童"鹦鹉学舌"背诵古诗、做算术题有着云泥之别。所以学前教育理论才是学前教育实践的指南，也是新教师尽快适应工作、不断积累经验、形成教学风格、通往成功之路的根本向导。不学学前教育学，不掌握学前教育理论，在实际工作中，只会瞎摸索，只会蛮干，根本谈不上科学的教育和成效。

学习学前教育学有助于推动学前教育改革的实践和学前教育理论的发展。学前教育改革和幼儿教育实践的发展需要幼儿教育理论，因为在教育改革中出现的新情况、新问题需要分析研究，在教育实践中产生的新经验、新方法需要总结概括。有了学前教育理论，就能更好地指导我们科学地分析教育改革中出现的问题，将教育实践中产生的经验上升为科学的理论，使师德教育理论不断地发展和完善。每一位教育工作者都有必要而且有可能把教育工作和科学研究结合起来，在教育理论的指导下，不断总结经验，深化教育教学改革，促进我国学前教育理论的发展。

三、学习学前教育学的方法

（一）理论与实践相结合

学前教育理论是为学前教育实际服务的，理论联系实践是学好学前教育学的必由之路。在校期间联系实践的方式是多种多样的，如到学前教育机构见习、实习，访问优秀的学前教育教师，上网查看社区、家庭的学前教育调查，尝试设计和组织一些教育活动，做一些教育小实验，对一名或几名学前儿童进行观察、研究以及参加各种有关的专业活动等，都能有效地理解和巩固理论知识，提高自己的教育理论修养和从事教育工作的能力。因此在学习中，一方面要切忌把学习理论与参加实践机械地割裂开，而且要在学习理论中实践，在实践中提升理论，因为没有理论指导的实践是盲目的，脱离实际的理论是空洞的。教育基本理论学得好与不好，不在于是否能记住和背诵这些知识，而是要看在多大程度上能把这些知识转化为正确的教育观念和实际的教育工作能力，但不参加实践工作，这一转化就不可能完成。另一方面，毕业后如果要使教育工作具有显著成效，理论学习不但不能终止，恰恰相反，还应在原有的基础上进行更高、更深层次的学习，与在校时不同的仅是学习方式的改变而已。

（二）阅读与思考相结合

"学而不思则罔，思而不学则殆。"学习要与思考相结合，在学习中，一方面要认真读书，努力吸收前人所取得的学前教育学方面的成就，如书籍类有《陈鹤琴教育论著选读》《学前教育原理》《儿童世界》《学习的革命》等，刊物类有浙江的《幼儿教育》、山东的《幼教天地》、北京的《学前教育》、江苏的《早期教育》等，应该结合各章节，重点阅读这些书籍和杂志的相关内容；另一方面要充分发挥出自己的主动性和积极性，进行独立思考，把培养创造性的思维与分析问题和解决问题的能力作为学习的一项重要任务。

第二章 学前教育理论

第一节 西方学前教育理论的形成与发展

一、学前教育思想的形成

17世纪初到19世纪末是学前教育思想发展的关键性时期。经历了14世纪至16世纪的文艺复兴运动后，普通教育学从哲学、政治学等其他学科理论中逐步分化出来。学前教育理论集中体现在各种教育学著作中。夸美纽斯的《大教学论》《母育学校》，卢梭的《爱弥儿》，福禄贝尔的《人的教育》《幼儿园教育法》等教育著作，开始系统阐述学前教育思想，使学前教育理论逐渐成为一门独立的学科。

（一）夸美纽斯的学前教育思想

夸美纽斯，捷克教育家，在波兰、英国、匈牙利和瑞典进行教育改革，其教育思想对这些国家的教育实践产生了重大影响。他的著作《大教学论》是西方历史上第一本呈独立形态的教育学，被看作系统的教育理论产生的主要标志。他为父母们编写的学前家庭教育指南《母育学校》，是教育史上第一本学前教育专著。该著作深入研究了在家庭教育条件下的学前教育体系，阐述了学前教育的目的、内容和方法。他还编写了世界上第一本图文并茂的儿童读物《世界图解》。该书被誉为"儿童插图书的始祖"。

1. 关于学前教育的意义

夸美纽斯认为儿童是生来就具有智慧、道德和信仰的"种子"，而这粒"种子"只有在良好的环境与教育影响下才能生长。他认为，幼年儿童对优良教育的需求极为迫切，缺乏的话，他们将迷失方向，而且，任何人在幼年时代播下什么样的种子，那其在年老时就要收获什么样的果实，所以必须极早开始给予幼儿适宜的教育。

2. 关于"母育学校"

夸美纽斯认为，家庭就是"母育学校"，儿童产生于父母的实体本身的共同，是父母实体的一部分，同时儿童又必然会成为国家的未来。父母应培养儿童德、智、体发展，通过感觉器官的训练和发展让儿童获得关于自然界、社会生活和家庭生活的初步认识，为将来入校学习做好充足的准备。判断儿童是否适合进入公共学校的标准包括：儿童是否获得了在"母育学校"应学会的东西，儿童对问题是否有辨别和判断的能力，儿童是否有进一步学习的要求和愿望。

3. 关于学前教育的内容

关于学前教育的内容，夸美纽斯认为，在身体方面，要保证幼儿健康，要求建立合理的生活制度，而体育是其中重要的一项；在德育方面，既要自幼培养儿童勤劳简朴、爱整洁的习惯，举止要文雅，学会控制自己的感情，也要训练其待人接物的能力，要求儿童要亲切、温和、大方、有礼貌、诚恳、谦逊、诚实、不损害他人、不嫉妒、爱劳动等。在德育方面，夸美纽斯为6岁以下的儿童提出了一个广泛而精细的教学大纲。教学大纲包括自然、光学、天文、地理等13种学习内容。他认为应当把一个人在人生的旅途中所具备的一切知识的种子播种到儿童身上。夸美纽斯从"泛智主义"的思想出发，提出了普及教育思想：所有的人通过接受教育而获得广泛的、全面的知识，从而使智慧得到普遍发展。在游戏与玩具方面，他认为游戏有三大好处：锻炼身体增进健康、磨炼思想、练习四肢五官趋于灵活。他认为：凡是儿童喜欢玩的东西，只要对儿童没有造成什么损害，那么就应该让他们去玩而得到满足，而不应该去阻止他们，因为儿童不活动比起不得闲，对身心两方面的损害更多。他还指出：儿童的玩具，应该用仿制工具代替劳动工具给儿童使用，既练习了技能，也发挥了儿童身体的能量。

（二）洛克的学前教育思想

约翰·洛克，英国著名的哲学家、政治家和教育家，其教育代表作《教育漫话》提出了绅士教育的思想体系。洛克的绅士教育体系是概括了当时先进的资产阶级教育经验而提出来的，成为资产阶级教育思想发展的一个新起点。

洛克批判了笛卡尔的天赋观念，根据培根的经验论提出了"白板说"，他认为一切观念都是后天获得的，尤其是幼儿的心灵，"可以随心所欲地做成什么式样"，所以学前教育就显得格外重要。洛克在西方教育史上第一个提出并详细论述儿童体育问题。他认为"健康之精神寓于健康之身体"，看重游泳和户外活动，主张饮食清淡、简单，主张起居生活规律、睡眠充足；在德育方面，他认为道德教育是绅士教育的核心，教育方法包括说服教育、榜样教育、实际练习、奖励与惩罚；在智育方面，洛克虽然认为智育不如德育重要，但他依然提出了包括阅读、写字、图画、速记、法文、历史、地理等非常多的智育内容，并主张儿童自己学习，寓学于游戏中。

（三）卢梭的学前教育思想

让雅克·卢梭，法国启蒙思想家、教育家。他是西方教育史上具有划时代意义的人物，他把文艺复兴以来将重视儿童的思想推向了一个新的境界。他在《爱弥儿》中指出，教育的目的是让儿童"归于自然"，这里的自然是指儿童的天性，即教育应遵循儿童发展的自然进程，"以天性为师，而不以人为师"。他根据儿童自身发展的特点将儿童的发展分为四个阶段：婴儿期（0~2岁）、儿童期（2~12岁）、少年期（12~15岁）、青年期（15~20岁）。

卢梭认为，在婴儿期，父母应亲自去教养儿童，主要以身体养护和锻炼为主。父母应密切合作，父亲是婴儿的教师，母亲是婴儿的保姆，父母共同促进婴儿身体健康，为以后的教育奠定物质基础。卢梭继承了洛克的教育思想，反对娇生惯养，主张多让孩子接触大自然，多参加户外活动，通过适宜的饮食、衣着、睡眠和游戏，使婴儿养成健康的体魄，为其一生的幸福打下基础。

卢梭认为，儿童期是"理性的睡眠时期"，幼儿"真正的老师是经验和感觉"，应以感官教育为主，这是理性形成的基础。此时幼儿的心智尚未成熟，主要是通过感官训练让儿童学会感受、培养儿童的判断能力。如果这一时期教幼儿识字和读书，会妨碍幼儿的身体发育，限制幼儿的心灵自由，违反幼儿的兴趣与愿望，扰乱儿童天性的发展进程。因此，家长应注重儿童的感官训练，让儿童多看、多听、多摸、多嗅、多接触实际事物，发展儿童的触觉、听觉和视觉等，让儿童从直接经验中学习、接受教育。

教育儿童的前提是了解儿童与研究儿童，发现并尊重儿童的特性，适应儿童的天性与个性，因人施教。"儿童是有他特有的看法、见解和感情的，如果想用我们的看法、见解和感情去替代它们，那简直是愚不可及。"成人应将儿童作为人来对待，给予儿童行动的自由，允许他们充分应用自身的力量去探索环境与认识环境，而不是按照成人的想法与愿望，教给儿童无法理解的知识与道德观念。卢梭特别强调：大自然希望儿童变成在成人以前就要像儿童的样子，如果打乱了这个次序，就会造成一些早熟的果实，它们长得既不丰满也不甜美，而且很快就会腐烂。卢梭希望在顺应儿童身心自然发展的基础之上，通过对儿童天性的完善来促进其理性发展。

（四）裴斯泰洛齐的学前教育思想

裴斯泰洛齐，瑞士资产阶级民主教育家，一生致力于贫民教育，自己开办过孤儿院，曾担任政府开办的孤儿院的管理者，其教育代表作为《林哈德和葛笃德》。

爱的教育贯穿在他的全部教育观点和教育活动之中。裴斯泰洛齐对卢梭的自然教育论进行了扬弃，他认为在顺应儿童天性的基础上应约束天性中的"恶"，教育目的是促进人的一切天赋、能力和谐发展。裴斯泰洛齐是教育史上提倡和实施爱的教育的杰出代表。他认为道德教育就是爱的教育，"如果不能爱孩子，我不懂得还能谈到有什么规则、方法和技能"，但他认为爱的最高表现形式是"宗教教育"。

在教育方法论上，要素教育理论是裴斯泰洛齐教学理论的核心，集中体现出了裴斯泰洛齐教育民主化的要求。他认为教育过程必须从一些最简单的因素开始，逐渐转向复杂的因素，从而使儿童各种天赋、能力得到全面、和谐发展。比如：体育包含抛、搬、推、拉等基本动作；劳动就是关节活动；德育就是孩子对母亲的爱，对其他家庭成员的爱，对社会其他成员的爱；智育包括数、形状、词等要素。

（五）福禄贝尔的学前教育思想

福禄贝尔，德国幼儿教育家，1840 年创办了世界上第一个社会性学前教育机构，并把这所机构命名为"幼儿园"，他因此被赞誉为"幼儿园之父"。他的教育思想深受德国古典哲学、早期进化思想、浪漫主义文学和美学等的影响。他在《人的教育》中提出了完整的幼儿教育理论，包括教育与儿童发展的关系、儿童教学原则、教具开发等思想。

二、现代学前教育思想的发展与变革

19 世纪末到 20 世纪初，欧美的新教育革新运动极大地推动了学前教育的发展。在这一阶段，正规的社会性幼儿教育机构建立并逐步发展起来，幼儿教育理论从教育学中分离出来，成为一门独立的学科，与幼儿教育实践同步。蒙台梭利在批判地继承传统的学前教育方法的基础上，提出了现代学前教育理论，对 20 世纪学前教育发展产生了广泛而持续的影响。随后精神分析学派、行为主义学派、认知发展学派和人类发展生态学等各种发展心理学理论被引入学前教育领域，极大地推动了学前教育研究的科学化。

（一）杜威的儿童教育思想

约翰·杜威，美国著名哲学家、教育家，实用主义哲学的创始人之一，机能心理学的先驱，美国进步主义教育运动的代表人物。他的主要教育著作有《学校与社会》《儿童与课程》《民主主义与教育》《明日之学校》《经验与教育》和《人的问题》等。

1. 儿童中心论

杜威是在批判旧教育的过程中提出"儿童中心主义"思想的。在杜威看来，在传统教育那里，"学校的重心在儿童之外，在教师，在教科书以及你所高兴的任何地方，唯独不在儿童自己即时的本能和活动之中""尽管优秀的教师想运用艺术的技巧来掩饰这种强制性，以减轻那种显然粗暴的性质，但它们还是必须灌输给儿童的"。由于传统教育把教育的重心放在教师和教科书上面，而不是放在儿童的本能和活动中，于是，儿童只能受到"训练""指导和控制"及"残暴的专制压制"。要使教育实现重心的转移，"我们教育中将引起改变的是重心的转移。这是一种变革，这是一种革命，这是和哥白尼把天文学的中心从地球转到太阳一样的那种革命。在这里，儿童变成了太阳，而教育的一切措施则围绕着他们转动；儿童是中心，教育措施便围绕着他们而组织起来"。把教育的重心从教师、教材那里转移到儿童身上，这就是杜威倡导的"新教育"（或"进步教育"），也就是"以儿童为中心"的教育。

2. 教育即生活、生长和经验改造

教育能传递人类积累的经验，丰富人类经验的内容，提高经验指导生活和适应社会的能力，从而把社会生活联系和发展起来。广义地讲，个人在社会生活中与人接触、相互影

响，逐步扩大和改进经验，养成道德品质和习得知识、技能，这就是教育。由于改造经验必须紧密地和生活结为一体，而且改造经验能够促使儿童成长，杜威便总结说：教育即生活，教育即生长，教育即经验改造。

3. 学校即社会

杜威认为儿童在社会中参加真实的生活，才是身心成长和改造经验的正当途径。所以教师要把教授知识的课堂变成儿童活动的乐园，引导儿童积极、自愿地投入活动，从活动中潜移默化地养成品德和获得知识的能力，实现生活、生长和经验的改造。

4. 道德教育论

杜威认为，道德是教育的最高和最终的目的，道德过程和教育过程是统一的。他认为德育在教育中占有极其重要的地位。杜威极力强调道德才是推动社会前进的力量。在实施方面，杜威主张在活动中培养儿童的道德品质，要求结合智育达到德育的目的。此外，他还十分注重教育方法的道德教育作用。

（二）蒙台梭利的学前教育思想

蒙台梭利，意大利第一位女医学博士，意大利幼儿教育家，创立了蒙台梭利教育法，在特殊教育和学前教育理论的研究和实践方面取得了显著成就，被赞誉为世界学前教育史上自福禄贝尔以来影响最大的现代幼儿教育家。蒙台梭利的学前教育思想，对于20世纪初期的学前教育产生了重要影响，形成了席卷全球的"蒙台梭利热"。她在1925—1951年一直担任国际蒙台梭利协会大会主席。

蒙台梭利在卢梭、福禄贝尔的自然主义、自由主义教育思想的影响下，根据自己的实际观察和实验研究，结合生物学、遗传学、生理学和生命哲学等理论，提出了自己的儿童发展观。她在《童年的秘密》中指出："存在一种神秘的力量，它给新生孤弱的躯体一种活力，使他能够生长，教他说话进而使他完善，那我们可以把儿童心理和生理的发展说成是一种'实体化'。"这种神秘力量被称为"内在潜力"，是一种积极的、活动的、发展着的存在，它具有无穷无尽的力量。教育的任务就是激发和促进儿童的内在潜力的发现，并按其自身规律获得自然和自由的发展。

蒙台梭利经过多年的"儿童之家"的实验和实践，确立了其独特的蒙台梭利教学思想。

1. 尊重儿童天性发展

蒙台梭利认为，教育必须允许儿童自由，必须要尊重儿童的天性，让他们自由地表现。但这并不意味着让儿童放纵、为所欲为，这里的"自由"是指使儿童从妨碍其身心和谐发展的障碍中解放出来的自由。她认为，应该让儿童在自由的基础上培养纪律性，在自由的活动中发展意志。

在自由工作的基础上培养纪律是蒙台梭利最具特色的教育思想之一。她认为，秩序不可能由命令、说教等特设的训练手段而获得，只能由"工作"这个间接手段而达到。当儿童对某一项"工作"有了强烈的兴趣时，从他的面部表情和注意集中的时间就可知，这个儿童已踏上了纪律之路。这个"工作"必须体现出自由的原则，即源自儿童自发的需要。

2. 教师的角色

蒙台梭利用"Follow the child（跟随儿童）"概括她的教育哲学思想，将幼儿教师定位于观察者、环境创设者、指导者和家园（幼儿园与家庭的简称，全书后同）合作的联络者的角色。作为观察者，教师要保证观察的准确可靠，要经常锻炼自己的观察能力，同时要长期和儿童一起生活学习；作为环境创设者，教师所创设的环境应具备自由的气氛、结构和秩序、真实与自然、和谐与美感、蒙台梭利教具等要素；作为指导者，教师应承担介绍、示范、支持和资源提供任务；作为家园合作的联络者，教师要定期与家长进行交谈，了解家长的想法及幼儿在家的教育情况，来促进儿童的健康发展。

3. 直观教学原则

直观性是指直接利用各种事物刺激感官从而对儿童进行感觉训练。蒙台梭利认为，发展儿童智力可使其自由，智力的培养取决于感觉。感觉包括视觉、听觉、嗅觉、味觉及触觉，每一种感官只能对某种特定的刺激有所反应，所以她设计了各种各样的教具让儿童练习使用，从而锻炼感官的敏锐性，促进儿童智力发展，协助儿童进行自我教育。

4. 环境教育原则

蒙台梭利认为，幼儿发展是个体与环境交互作用的结果，其动力是儿童的生理和心理的需要。她将环境视为教育的三大要素之一，认为"我们教育体系的最根本特征是对环境的强调"，要求教师为儿童提供"有准备的环境"。所谓"有准备的环境"，一方面是指由教师营造的充满爱、关心、指导、快乐的心理环境；另一方面是指经过精心组织与安排的物质环境，主要包括各种适宜的教室、桌椅，可供幼儿操作使用的材料或教具等。

5. 个别化教学原则

蒙台梭利认为，每位儿童都有自己的心灵，有一定的需要、潜能和敏感期，这决定了儿童本身发展的进程和方向。因此，她强调个别化教学，首先是保证儿童独立活动的愿望；其次是在学习速度、学习器材上，严格遵循儿童个体发展需要，给予不同的设计与指导。

6. 系统发展原则

蒙台梭利认为，儿童的发展是一个连续的自然发展过程。在儿童发展的各阶段，有些智力活动的形式日渐趋于成熟，有些智力活动形式日益消退，应根据儿童阶段的特点给予相应的教育，为其下一阶段的发展打下基础。

（三）精神分析学派的学前教育理论

精神分析学派从儿童人格发展的角度，追寻每位儿童独特的发展历程，认为儿童的发展历程是由其生理欲望和社会期望冲突的系列阶段构成的，而解决冲突的方式决定了个体学习、交往和解决焦虑的能力。精神分析学派的典型代表人物是弗洛伊德和埃里克森。

弗洛伊德认为，人的心理发展是由生物性本能决定的。人一出生，就具有满足自我身体发展的需求，而该需求在环境的供给下，满足的状况不同将形成不同的童年体验，这对儿童性格的形成将产生重要影响。弗洛伊德把儿童童年期心理发展分成 5 个阶段：口欲期（0~1.5 岁）的性本能集中于口腔部位，婴儿通过吸吮、咀嚼、啃咬等动作获得快感；肛欲期（1.5~3 岁）的幼儿按照自己的意愿进行大小便获得快感；性器期（3~6 岁）的儿童以刺激性器官获得快感，并可能内化同性父母的性别角色特征和道德标准；潜伏期（6~10岁）的少年开始压抑性冲动；青春期（10~20 岁）的青年通过社会认可的方式获得性满足。他认为在各个阶段，儿童相应的需求没有得到满足或者过度满足，都有可能会导致心理冲突，从而出现不同的性格特征。

埃里克森接受了弗洛伊德的许多观点，但他更强调儿童是积极主动且能适应环境的探索者，强调自我的功能，认为自我不仅是解决本我与超我冲突的简单仲裁者，人在各个发展阶段，都要发挥自我的功能来处理社会现实问题，以便于成功地适应环境。此外，他还特别强调社会文化对人格发展的影响。

精神分析学派非常重视人格的发展，而且强调婴幼儿阶段的生活经验是人格形成与发展的基础，会影响成年以后人的性格、人际关系、社会性行为和家庭生活，其基本观点可以归纳为以下 3 点。

1. 重视早期经验和亲子关系

精神分析理论认为，童年生活质量决定个体一生的生活质量。由此人们开始注意哺乳方式、断奶时间与方法、大小便习惯的训练、亲子关系的处理等问题，注意到成人尤其是父母在儿童早期生活，以及人格的形成与发展中的重要地位及作用。

2. 幼儿期应重视培养健全人格

精神分析学派主张，人格教育是幼儿教育的重点，健全人格的特征是爱人的能力。只有从小受到尊重与关爱的幼儿，才能学会尊重与关心他人。教师应当为幼儿创设能让幼儿体验与感受到尊重、爱、安全、被接纳的环境，以自己的言行举止、以自己的爱去唤醒幼儿爱人的能力，切忌用生硬的道德知识进行灌输。

3. 注意培养幼儿的想象力与创造力

教学活动应当符合幼儿的兴趣与能力，支持与鼓励幼儿的探索与表现，避免压力与紧张的心理气氛，使幼儿在主动活动中提升认识自我、发现自己的能力，形成良好的人际关系，获得成功的体验。游戏是发展幼儿想象力与创造力、处理消极情绪、建立自信心的重要的途径。游戏应当是幼儿园的主要活动，应当让幼儿通过游戏来学习。

（四）行为主义的学前教育理论

与精神分析学派不同，行为主义学派认为心理的实质就是行为，研究的对象应是可以直接观察到的现象，即刺激和反应，以行为作为心理学的重要范畴。行为主义者认为，学习就是个体在活动中受到外部环境因素影响而使其行为发生改变的历程，学习的内容就是一系列刺激与反应之间的联结，学习方式有直接学习、间接学习（观察学习），并受直接强化、替代强化和自我强化等因素的影响。华生、桑代克、斯金纳为行为主义学派的典型代表人物。

1. 华生

华生是美国行为主义心理学的创建人。华生认为，行为是可以通过学习和训练加以控制的，只要确定了刺激和反应之间的关系，就可以通过控制环境而任意地塑造人的心理和行为。华生指出，人格是习惯的产物，人格由占支配地位的习惯所构成，而占支配地位的习惯系统是由一些各自独立的习惯构成的，所以应通过及早施教来培养儿童良好的习惯和行为。家长和教师应创造适合儿童发展的良好环境，培养儿童有礼貌、合群、勇敢进取等各种良好的行为习惯或品质，并尽可能促使儿童的教育及训练主动适应社会文化的变迁，做到因时、因地制宜，培育身心健康的儿童。

2. 桑代克

美国心理学家桑代克根据一系列的动物实验，发现动物的学习是一个渐进的、盲目的、尝试错误的过程。桑代克认为这样的学习即联结。所谓联结是指某情景仅能引起某种反应，而不能引起其他反应的倾向。学习的实质是经过试错使得刺激和反应之间形成联结。根据桑代克的试错学习，在学前教育中应为幼儿提供动口、动手的机会，允许孩子犯错误；幼儿的试错过程即是学习过程，要积极肯定幼儿的探索行为，以喜悦结果加强联结；要抓住时机，引导、维持幼儿的学习热情，以增加联结的频次来增加联结的强度。

3. 斯金纳

美国心理学家斯金纳把行为分为应答性行为和操作性行为。前者是由特定的、可观察的刺激所引起的行为，后者是指在没有任何能观察的外部刺激的情境下的有机体行为，是自发行为。由此，他提出两种学习形式：一种是经典条件反射学习，用以塑造有机体的应答行为；另一种是操作式条件反射学习，用以塑造有机体的操作行为。

人类的大多数行为属于操作性行为。在一个操作发生后，接着给予一个强化来刺激，那么其强度就会增加，如果一个已经通过强化的操作性活动发生后，没有强化刺激物出现，那么它的力量就会削弱。无论是操作性条件反射的建立还是消退，其关键在于强化。强化是塑造与矫正儿童行为的基础。斯金纳认为，教育者只要了解强化效应和操作好强化技术，就能控制行为的反应，塑造出教育者所希望的儿童行为。因此，教育者要了解每位幼儿的兴趣与爱好，注意观察儿童的行为，正确运用表扬与奖励等强化手段，及时强化期望儿童出现的行为，不能以全社会统一的"标准"去规范儿童。

总而言之，行为主义学派的学前教育理论强调幼儿的发展是开放、变化的，每位幼儿的行为强化都不相同；要关注环境与教育的影响，重视环境对儿童心理和行为的影响具有治疗的价值，要通过适当的刺激及合理运用强化手段来控制和改善儿童的心理问题。但行为主义学派把儿童看成是消极、被动的学习者，否认了儿童的主观能动性，这是典型的外烁论思想。

（五）认知发展理论的学前教育理论

认知发展，是指个体自出生后在适应环境的活动中，对事物的认识和面对问题情境时的思维方式与能力表现，随着年龄增长而逐渐改变的历程。认知发展理论的代表人物有瑞士的皮亚杰、苏联的维果茨基和美国的科尔伯格。

1. 皮亚杰

瑞士心理学家皮亚杰是认知发展理论的集大成者，他毕生的研究主要关注两个问题："人的知识是怎样形成的"和"人的知识是怎样增长的"。基于这两个问题的系统论述，建构了他的发生认识论。关于认知发展的基本过程，皮亚杰认为，智慧的本质是适应，是同化与顺应之间的平衡，认知发展或智力发展是个体的图式随着年龄增长而发生的改变。所谓图式是指个体用来认识周围世界的基本模式。图式是认知结构的起点和核心，是人类认识事物的基础，图式的形成和变化的实质是认知发展。个体在适应环境的过程中，把新的知识归入先前已学会的一些相同的概念中，即为同化。当既有的图式无法适应新事物特征时，必须要改变原有图式以符合新环境需求，则产生顺应。关于认知发展的阶段，皮亚杰认为，认知发展不是一种数量上简单累积的过程，而是认知图式不断重建的过程。

皮亚杰根据认知图式的性质，将认知发展分为四个阶段：感知运动阶段（0~2岁），婴儿只能通过看、听、触、摸、尝、嗅等感知动作来适应外部环境，构建感知动作图式，并从反射动作过渡到智慧动作；前运算阶段（2~7岁），儿童开始从具体动作中摆脱出来，凭借象征性图式在头脑中进行表象性思维，拥有了客体永久性，能在延迟模仿、象征性游戏、绘画、语言等领域有所表现；具体运算阶段（7~12岁），在该阶段儿童的智慧活动具有了守恒性和可逆性，掌握了群集运算、空间关系、分类和排序等逻辑运算能力；形式运算阶段（12~15岁），个体的思维能力在该阶段已超出事物的具体内容或感知的事物，是一种抽象的逻辑思维。

皮亚杰根据认知发展理论，认为教学内容的选择应以儿童心理发展的阶段特点为重要依据，课程结构内容应与儿童智力发展的结构相互适应；在教学过程中应严格遵循适应儿童的认知发展、发展儿童的自主性和认知能力、重视实践活动这三个原则；在教学方法上采用综合观察法、询问法、测验法和实验法的临床教学法，利用讲述故事的方法向儿童提出有关道德方面难题的两难故事法，利用学习者之间、学习者与成人之间互动的社会交往法，利用"高度集中注意的活动的"活动法。

2. 维果茨基

与皮亚杰相比，苏联心理学家维果茨基从不同的角度关注了儿童发展的种种问题。皮亚杰关注的是儿童的个性发展，而维果茨基关注的是儿童的社会性发展。维果茨基强调儿童能积极主动地探索世界，儿童心理的发展并不完全取决于认知成熟，儿童与成人或年长伙伴的互动是影响儿童发展的重要因素。据此，维果茨基提出了"最近发展区"的概念，认为儿童的现有发展水平与通过成人的指导可能达到的水平之间就是儿童的最近发展区。

根据维果茨基的理论，儿童教育在依据儿童已有认知结构的同时，应该走在儿童发展的前面，教学不只是适应儿童的现有发展水平，更重要的是要发挥其对儿童发展的主导作用。他还认为，儿童的认知发展是在和更善于思考、思维水平更高的人的交往活动中得到发展的，如父母、教师、同伴等。这些人作为指导者为孩子的智力发展提供必要的信息支持。他认为儿童需要引导和帮助。维果茨基尤其重视家长、教师及其他成人在儿童认知发展中的作用。

3. 科尔伯格

美国心理学家科尔伯格提出了儿童道德发展的阶段理论。他认为，道德发展是连续的过程，并按照不变的顺序由低到高逐一展开。

科尔伯格依据儿童对遵从规则还是服从需要的行为选择，将儿童的道德发展划分为三种水平、六个阶段。水平一被称为"前习俗水平"，行为受逃避惩罚和获得奖赏的需要驱使，儿童主要着眼于自身的具体结果，还没有发生社会规范的内化；水平二被称为"习俗水平"，儿童认同于父母，并遵从父母的道德判断标准，儿童主要满足社会期望，这时社会规范已开始内化；水平三被称为"后习俗水平"，儿童主要是履行自己选择的道德准则，社会规范已完成内化。高层次、阶段的道德推理方式兼容较低层次和阶段的道德推理方式，反之则不能；各阶段的时间长短不等，个体的道德发展水平也有较大差异，有些人可能只停留在前习俗水平或习俗水平，而永远达不到后习俗水平的阶段。

（六）人类发展生态学的学前教育理论

布朗芬布伦纳，美国心理学家，提出了生态系统理论，同时也是美国学前儿童启蒙计划的创始人。他把人类发展生态系统分为微观、中间、外层、宏观和时间五个系统，影响人发展的因素是一个整体，是由大小不同的系统相互作用而构成的社会生态环境，其核心是发展中的"人"。

社会生态系统理论认为，人与环境之间达到最佳拟合有利于心理的发展，如果拟合不理想，人就会通过适应、塑造或更换环境来提高拟合度。幼儿作为生态系统的因素之一，他们具有主动探索周围环境的欲望，其发展是自身与环境相互作用的结果，他们不断根据自身需要主动地去调整自身与环境的关系。如果幼儿所处环境的某层生态系统出现问题，如父母以粗暴的方式对待幼儿、电视上经常播放暴力镜头、同龄伙伴经常说脏话等，幼儿就会在环境的影响下自我调整，变得畏怯、暴力或者不文明。因此，作为教育者在教育过程中，除了要关注幼儿的个体变化外，还应该关注以幼儿为中心的其他各层系统，并对这些系统施加一定的影响，以谋求更佳的幼儿教育环境。

第二节　中国学前教育理论的形成与发展

一、古代中国学前教育思想的萌芽

清代鸦片战争之前是我国学前教育思想的孕育期。在这之前漫长的时间里，中国的学前教育一直在家庭中实施，并没有产生专门的学前教育机构。但在我国悠久的古代文化遗产中，却蕴藏着丰富的学前教育思想。

（一）学前教育思想孕育的背景

自阶级社会以来，我国实行"家天下"的宗法制度和贵族专政，统治阶级以"封疆裂土""嫡长子继承制"管理家族和天下，普通家庭以血缘关系论亲疏，父权实为君权。家是奴隶社会、封建社会管理的最基本的经济单位和政治单位，同时拥有"人口生产、物质生产、教育"三重职能。"家之不宁，国难得安"，国家的管理依托于家庭的管理。

从统治者角度而言，家族内部或家庭内部的自我有效管理能实现整个国家的长治久安，所以家庭教育至关重要。家庭的基本道德观念——"孝"和"悌"成为整个封建伦理道德的出发点，对学前教育思想产生了重要影响。与此同时，"君子如欲化民成俗，其必由学乎……是故古之王者建国君民，教学为先"，"养士以教民"是学校教育产生的基本动机；学前教育是学校教育的基础；"学而优则仕"成为教育儿童的指导思想。

从家庭及个人角度而言，学前教育作为家庭教育的组成部分，它关系到一个家庭的荣辱与兴衰，关系到个人的理想能否实现。在这种社会制度之下，"望子成龙，光耀门楣"成为普通家庭的希望，而"光宗耀祖"成为学前家庭教育的基本出发点。

从文化角度而言，自西汉汉武帝采纳董仲舒的"罢黜百家，独尊儒术"以来，教育内容就被儒家思想垄断，生活常规以儒家礼教为指导思想，道德以儒家倡导的"仁、义、礼、智、信"为原则，识字教材中包含的故事主要涉及儒家诸贤。由此可见，学前教育思想的形成与儒家文化紧密相连。

在以上社会因素影响下的家庭学前教育，产生了"孟母三迁""岳母刺字""黄香温席""孔融让梨"等经典家庭教育案例。《三字经》《百家姓》《千字文》等经典儿童教材为我国古代学前教育思想的孕育奠定了重要的基础。古代的教育家和思想家从不同角度对学前教育的价值与作用、内容与方法提出了多种看法，孕育了我国的学前教育思想。

（二）早期的学前教育思想

西汉的贾谊（公元前200—前168年），以"正君"为目的，在综述前人教育思想的基础之上，提出了早谕教、进左右、重儒术、教养结合等教育理念。他是先秦以来第一位全面论述早期教育的思想家，促进了早教理论的发展。

颜之推（531—约595年），以"立身扬名、光宗耀祖"为目的，提出了固须早教、威严有慈、均爱勿偏、应世经务、重视风化陶然、重视语言学习等观点。他编写的《颜氏家训》是我国第一部系统而完整的家庭教育教科书，"古今家训，以此为祖"，书中多种主张在当代社会依然值得父母在教育子女时借鉴。

南宋朱熹（1130—1200年），通过办书院，做讲学，从事教育活动长达40年之久，积累了丰富的教育经验，在对儿童身心发展规律的直观理解的基础上提出了重视蒙养教育、要求慎师择友、强调学"眼前事"、提倡正面教育等观点。

王守仁（1472—1529年），在关注儿童的生理、心理特点的基础上提出了顺导性情、鼓舞兴趣，循序渐进、量力而行，因材施教、各成其才，全面诱导、不执一偏等观点。这些思想符合儿童教育规律，与近代教育学具有一致性，特别是顺导性情的自然主义教学观的提出时间比卢梭的相应观点的提出时间早200年。

在众多的学前教育思想中，比较有代表性的有以下六种。

1. 胎教是立教之本

中国古代非常注重"慎始敬终"的理念，认为胎教是"立教之本原"，主张人的教育应自胎教开始。我国是最早提出并实施胎教的国家——始于西周，并建立有明确的胎教制度。周文王姬昌之母太任、周成王之母周妃后，均在怀孕时对胎儿施以胎教，以孕贤君，被后人誉为"贤妣"。根据相关史料记载，太任自怀孕以后，"目不视恶色，耳不听恶声，口不出敖言，能以胎教"。这是中国最早的胎教观，对孕妇的视、听、言、动、思等方面提出了严格要求。春秋战国到两汉时期是我国胎教理论逐步形成的时期，主要从政治道德的角度论述胎教。其中，贾谊的《胎教》是我国最早论述胎教问题的文章。随着我国中医学理论的发展，魏晋以后的许多医学家都从医学角度提出了养胎与胎教相结合的主张，积累了大量的胎教经验，丰富了我国古代的胎教理论。

胎教的理论基础为"外象内感说""母子同体说"和"生长发育说"，其主要观点是：胎儿的生长发育与母体及其所处环境密切相关，母体及其所处环境对胎儿有决定性影响，胎教即为母教。胎教的实施包括胎教的目的、作用和途径。认为胎教的目的是培养合格的未来统治者及富有道德、身体健康的下一代；其作用为"正本慎始"；其内容包括礼仪德性之教、诗书礼乐之教和养胎保胎之教；其途径主要为孕妇应保持积极的精神状态、良好的生活习惯、饮食卫生和营养等，为胎儿提供良好的环境。

总而言之，中国古代的胎教思想是古代学前教育思想的重要组成部分，重在及早施教，有许多合理的经验值得借鉴。

2. 倡导及早施教

孔子（公元前551—前479年），他指出"少成若天性，习惯如自然"，俗谚中提到"教妇初来，教儿婴孩"，这些成为古代教育家提倡及早施教的理论基础。贾谊明确提出了"早谕教"的观点，主张"故自为赤子而教固已行矣"。婴幼儿心地纯洁，具有可塑性，"夫心未滥而先谕教，则化易成也"。在其赤子之心还未受到外界环境熏染时，应及早施教可以养成良好的行为习惯，收到事半功倍的教育效果。颜之推提出"固须早教"，认为幼童时期学习效果好，因为"人生小幼，精神专利，长成已后，思虑散逸，固须早教，勿失机也"。同时幼童可塑性大，容易养成习惯，能"使为则为，使止则止"。朱熹非常重视蒙养教育，认为"大学之序，特因小学已成之功"。

早期教育的内容包括生活习惯、文化知识和身体锻炼三方面。在生活习惯方面，古人要求幼儿对长辈必须谦卑、恭敬，不得恣情而行，并且，还要培养幼儿诚实、正直、礼让的品德和讲究文明卫生的习惯，与此同时，要鼓励幼儿积德行善，树立正确的志向。在文化知识方面，古人主张遇物而教，重视幼儿对环境的认识和其语言能力的发展，与此同时，他们也会教给幼儿一些必要的知识，如计数、数目和识字等。在身体锻炼方面，古人按照幼儿生理发育的特点对其进行体育锻炼，"能坐能行则扶持之，勿使倾跌也"。

3. 重视环境的风化陶染

风化是指"自上而行于下者也，自先而施于后者也"。重视风化陶染就是强调父母或成年人对幼童的示范作用。由于幼儿具有极强的模仿性，容易受到周围环境的影响，古代的教育家、思想家非常重视环境中人与事物对幼儿的影响。孔子认为，不到风俗仁厚的地方去择邻而非明智之举。荀子认为，环境对人的陶冶是一个渐进过程，"蓬生麻中，不扶而直；白沙在涅，与之俱黑"。贾谊认为，"夫教得而左右正，则太子正矣，太子正而天下定矣"，慎选左右是对太子进行早期教育的保证，选"天下之端士，孝悌博闻有术者"为"三公三少"，形成卫翼太子的屏障，使太子只"见正事，闻正言，行正道"。朱熹认为，"习与正则正，习与邪则邪"，应慎择师友，注意来自身边师长和同伴的影响，谨慎选择幼儿教师应从谨慎选择乳母开始，还要培养孩子辨别是非、选择益友的能力。

4. 注重德行的教育

我国古代文化是典型的伦理文化，以儒家的修身、齐家、治国、平天下著称，教育的基点是培养人的良好德行，以儒家的忠、信、义、礼、孝、仁为教育准则。《论语》记载了孔子为学生开设的"文、行、忠、信"四门课程，其中三门都属于思想道德教育的范畴。朱熹指出："德行之于人大矣……士诚知用力于此，则不唯可以修身，而推之可以治人，又可以及夫天下国家。故古之教者，莫不以是为先"。古代教育者将道德教育置于优先地位，德行的教育要先于读书。幼儿的德行教育主要包括孝悌、诚信、为善和崇俭等教育方面，通过"教事"的途径来帮助幼儿形成初步的道德观，在日常生活中使幼儿养成尊老爱幼、礼让客人的良好习惯。

5. 倡导学习具体的事物

颜之推（531—约595）在反对空谈家和腐儒的基础上，提出应世经务（即幼儿应付世事的能力）的观点。颜之推认为只有广泛接触社会生活，学习各种杂艺，才能够成为应世经务者，提倡"积财千万，不如薄技在身"。朱熹在其编写的《童蒙须知》中详细规定了眼前事为"洒扫应对进退之节""礼乐射御书数之文""爱亲敬长隆师亲友之道"，认为只有先学好眼前事，才能再学好其他事。这样的学习是一种由浅入深、由近及远的学习，是符合儿童认识发展规律的。颜之推的应世经务思想主要用来反对"学已优则仕"的章句，强调学习某一具体的技能更加实用；朱熹的学眼前事的目的并不是要掌握眼前事这一技能，而是通过对眼前事的学习，养成良好的学习习惯，以促进日后的学习。

6. 提倡积极正面引导

王守仁（别号阳明，1472—1529 年）认为，"大抵童子之情，乐嬉游而惮拘检，如草木之始萌芽，舒畅之则条达，摧挠之则衰萎"，由此提出顺导性情、鼓舞兴趣的教育方法，但顺导性情不是放任自流，而是积极地从正面引导，激发出儿童的学习兴趣。他反对"鞭挞绳缚"，认为其"若待拘囚"。朱熹也指出教育幼儿应多积极诱导，少消极限制。

二、中国学前教育理论的形成

鸦片战争至中华人民共和国成立之前是我国学前教育理论的形成时期。鸦片战争爆发后，西方国家的坚船利炮轰开了中国的国门，也打开了中国人的眼界。学前教育领域也不例外，随着工业的兴起与发展，深受封建礼教禁锢的妇女得到一定程度的解放，儿童社会化意识初步萌芽，我国开始尝试社会化学前教育，直到"五四"新文化运动提出"民主"与"科学"的观念才解放了教育工作者的思想，深化了他们对教育内涵的科学认识，促使他们将关注的焦点转向科学教育方法的研究和改良，高度重视在教育中养成探究的习惯、培养科学的精神。

维新运动领导人康有为受资产阶级教育制度的影响，在《礼运注》中提出"人人教养于公产而不恃私产"。他认为，在理想的大同社会中，孩子不是父母的私有财产，而是社会所共有，每个人从一出生便离开父母，由政府设立的公共教育机构担任其培养、教育的责任。公养的教育目标是"养儿体、乐儿魂、教儿知识"。康有为的学前教育思想成为推动蒙养院——中国最早的社会性学前教育机构诞生的主要思想动力。蒙养院诞生不久，学前教育很快就陷入照搬照抄国外的抚养方式，甚至沦为外国势力培养治华代理人的基础。直到 1928 年陶行知和陈鹤琴联合提出了"注重幼稚教育案"。该案指出幼儿教育的总目标是：以增进幼儿身心的健康；力谋幼儿应有的幸福与快乐；培养人生基本的优良习惯；协助家庭教养幼儿，并谋求家庭教育的改进。在该案的指导之下，民国时期以陶行知、陈鹤琴、张雪门等人为代表的诸多教育家投身于幼儿教育改革，进行了幼儿教育科学化、民族化、平民化的实验，在实践过程中逐步形成了满足中国国情需要的学前教育理论体系。

（一）学前教育理论形成的认识基础

1. 关于学前教育的重要性

陶行知认为，儿童6岁以前的教育是人生的基础，这个时期将为一个人打下人格、智力、体格的基础，并且整个基础一旦确定，便不易改变。所以，小学教育是建国之根本，幼儿教育尤为根本之根本，小学教育应当被普及，幼儿教育也应当被普及。陈鹤琴认为，幼儿期是人生可塑性最大的时期，需要有适当的环境与优良的教育；学前教育是一切教育的基础，对各种教育将产生深刻的影响；为了减轻工作妇女对养育子女的负担以及特殊儿童能得到社会的养护，迫切需要幼儿教育。张宗麟认为，学前教育是一切教育的起点，无论是对人生、对国家、对社会都具有特殊、重要的意义；学龄前教育应与其他各期教育有同等重要的地位，应被正式列入学制。

2. 关于学前教育的发展方向

陶行知指出，幼儿园必须"中国化、省钱化和平民化"，并在调研的基础上指出女工区域和农村是最需要幼儿园的两个地方。陈鹤琴则特别强调幼儿园要适应国情，他指出："我们的小孩子不是美国的小孩子，我们的历史，我们的环境均与美国不同，我们的国情与美国的国情又不是一律，所以被他们视为好的东西，在我们用起来未必都是优良的。"与此同时，他在心理学研究方面也指出，要以中国孩子为对象，总结中国孩子的特点，以中国孩子为中心，吸取外国的有用的经验，必须要建立起本民族的儿童心理科学。张雪门在《新幼稚教育》中指出要解决我国的幼儿教育，必须认清三点：一是儿童在幼儿园的身心发展情形；二是我国社会的现状；三是应如何根据社会现状来谋求民族的改造。与此同时，根据儿童的需要谋社会基础的建设。学前教育要不悖于真正的教育原理，须要事先明了心身与环境、个人与社会、现在与将来等的关系。

3. 对儿童的认识

陈鹤琴认为，对儿童的培养与成人不同，不能给他们成人化的东西，要适应他们的生理特点、心理特点，要做到儿童化。他认为，小孩子好游戏、好模仿、好奇心强，喜欢成功、喜欢野外生活、喜欢合群、喜欢被称赞，应该根据儿童的这些特点，施以适当的教育，找到最经济、最有效的办法，从而达到优良的教育效果。同时他还提出，科学的儿童观即尊重儿童的独立人格。他批判地继承了中国传统文化中的"慈幼"思想，要求热爱儿童和"爱而会教"。他提出，小孩子皆有小孩子的意志，小孩子有小孩子的人格，成人应当尊重小孩子的人格。

正是在上述对学前教育的认识基础之上，陶行知等教育家在实践基础上形成了一套符合中国国情的学前教育理论。

（二）学前教育理论体系

1. 学前教育目标

张雪门从民族进步角度提出了以改造中华民族为目标的学前教育目标：铲除我民族的劣根性；唤起我民族的自信心；养成劳动与客观的习惯态度；锻炼我民族为争中华之自由平等而向帝国主义做奋斗之决心与实力。张雪门指出："幼儿阶段应以社会需要为远景，以幼儿个体发展的近景需要为幼儿教育阶段的主要任务，将儿童置身于可接触的环境中去充分发展儿童的个性。"

陈鹤琴以"活教育理论"为基础，从社会需要角度提出了独特的学前教育目标——"做人，做中国人，做现代中国人"。他围绕中国传统文化，要求孩子"做好人"这一主题，把"做人"作为学前教育的最低标准，并根据中国当时所处的时代背景和国情，通过对做人的界定勾勒出培养具有爱国精神、具有创造能力的、符合现代中国社会发展需要的公民形象。三者从抽象到具体，逐一递进，最终走向"现代中国人"的理想人格。陶行知从社会需要和个体发展角度明确地提出了创造教育之目的，意欲培养能够征服自然、改造自然和改造世界的手脑并用型创造性人才。

张宗麟从个体发展角度出发，认为：儿童教育之第一要义为谋求儿童之健康，其二是生活习惯的养成，其三是欣赏能力的启蒙，其四是培养儿童的表达能力。

他们所倡导的学前教育目标，从以社会、国家需要的角度去改造民族、提高民族素质，到培养具有创造力的、健全的现代中国人，呈现出了集民族需要与个体需要为一体的整体学前教育目标，最后落脚到学前教育阶段从解放儿童做起、培养创造性幼儿这一近期目标。

2. 学前教育课程

课程内容是实现教育目标的支柱，选择什么样的课程内容来实现学前教育的目标呢？陶行知提出了生活课程，"生活即教育"是生活教育理论的核心。陶行知指出：生活教育是给生活以教育，用生活来教育，为生活向上向前的需要而教育。"生活教育是生活所原有的，生活所需自营，生活所必需的教育。教育的根本意义是生活之变化。生活无时不变，即生活无时不含有教育的意义。"生活课程表现为两个重视：一是重视课程内容的社会生活性、实用性和时代性；二是重视课程对象，即儿童的兴趣和发展需要，重视儿童的活动。通过儿童的日常生活，把培养健康、劳动、科学、艺术、集团的生活作为课程标准，兼顾环境与儿童需要的有机融合而达到增进儿童身心健康、提高生活能力和养成人生优良习惯之目标。陈鹤琴提出"活教育"课程，他认为"大自然、大社会都是活教材"。

陈鹤琴主张，儿童的世界应该让儿童自己去探讨、去发现，因为儿童自己求来的知识才是真知识，他自己发现的世界，才是他的世界。他认为，大自然、大社会包罗万象、丰富多彩，应让学生直接向大自然、大社会去学习。为了使幼儿既能学到感兴趣的知识，又能达到预期的教育目的，陈鹤琴主张应当把幼儿园的课程打成一片，成为有系统的组织，并以儿童所生活的环境为中心，而这个环境就是自然的环境和社会的环境。他把这种课程称为五指活动——健康、社会、科学、艺术和语文活动，要求幼儿园的课程全部包括在五指活动过程中，采用单元课程模式进行教学。

张雪门提出"行为课程"。他认为，课程就是经验，是适应生长的有价值的材料。他认为：幼儿园的课程源于"儿童自然的诸般活动"，从行动中所得的认识，才是真实的知识；从行动中所发生的困难，才是真实的问题；从行动中所获得的胜利，才是真实的驾驭环境的能力。张雪门在《中国幼稚园课程研究》中完整地表述了组织课程的标准："课程须和儿童的生活联络，是有目的有计划的活动。事情应有准备，应估量环境，应有相当的组织，且需有远大的目标。各种动作和材料全需合于儿童的经验能力和兴趣。在动作中，须使儿童有自由发展创作的机会。各种知识、技能、兴趣、习惯等从由儿童直接的经验中获得。"

张宗麟倡导活动课程。他认为：幼儿园课程，广义上指幼儿在幼儿园的一切活动。按照儿童活动划分，课程内容包括：开始的活动，主要指人生最基本的习惯；身体活动，指强健身体的习惯和技能；家庭的活动，指反映家人之间的关系、礼仪及家庭事务的活动；社会活动，指养成公民素质的教育活动；技能活动，是培养儿童适当表现自己的活动。

上述课程虽然在表述方面及侧重点上有所不同，但其实质还是反对科目式的、书本式的死知识，倡导学前教育的课程设计应基于幼儿的生活环境，包括自然和社会两大类，并通过幼儿在生活中的行为来进行健康、艺术、科学、语言和社会等亚类活动，形成一个较为完整的、综合性极强的活动课程模式，利于充实儿童的生活经验和培养儿童的生活能力。

3. 学前教育方法论

课程实施是指将课程计划付诸实践的过程。在课程目标和课程内容确定之后，如何组织实施课程来实现教育目标就成为关键。现代中国学者从"行知"学说的哲学基础出发，提出了以"做"为中心的教育方法论，其目的是培养能够自主思考和独立行动的新人。以做、教、学为一体的整体过程，反映出了他们注意到事物间的相对关系及条件和目的间不断转换的关系论，同时适合幼儿阶段在行动中思考这一学习方式，所以能够成为学前教育中流行的教育方法论。

陶行知明确提出"教学做合一"的总方法论。教的法子是根据学的法子，而学的法子根据做的法子，怎样做就怎样学，怎样学就怎样教。"教学做合一"强调"教"与"学"都以"做"为中心，"教"与"学"都是为了"做"。陶行知进一步指出什么是"做"，他认为单纯的劳力只是蛮干，不能算是做，单纯的劳心只是空想，也不能算做，"真正之做只是在劳力上劳心，用心以制力"。"教学做合一"核心是要求学生"手脑并用"，从生活实践过程中获得真知。

陈鹤琴提出了"做中教、做中学，做中求进步"之论点，认为"做"是出发点，不但要在"做中教"，还要在"做中学"，不但要在"做"中"教"与"学"，还要在"做"

中争取进步，即从"教"与"学"两方面来评价教育过程、结果和教学相长这一辩证关系。

张雪门提出"做学教合一"，认为幼儿园教学法所根据的重要原则只有一条，便是行动。儿童怎样做，就是怎样学，怎样学就该怎样做。正确的行动，应有目的、有计划、能实践、能有结果，结果虽有成败，但都可以积累经验。

4. 学前教育师资培养

教师是有效执行课程方案的保证。关于教师的培养，陶行知提出"艺友制"。凡用朋友之道教人学做艺术或手艺便是"艺友制"，是对"师徒制"的改良。陶行知认为，学做教师之途径有二：一是从师，二是访友。跟随朋友学习比跟随教师学更自然而有效，所以要成为优良的教师，就需要与优良教师成为真正的朋友。"艺友制"的实施分为四个步骤：第一步，实际参加幼儿各种活动，学习做一名儿童领袖；第二步，教给他们几种简单的方法，如讲故事的要点、带小朋友玩的注意事项等；第三步，边训练基本技能，边在幼儿园实习；第四步，两人一组，独立担任幼儿园工作。

张雪门特别强调应把师范生的实习场所扩大到整个社会，通过组织参观、引导见习、指导试教、积极辅导等步骤来完成有系统组织的学习。

陈鹤琴和张宗麟认为，要成为优秀的幼儿教师则应在思想、业务、教学、品质等方面都具备相应的条件，并应设置完善的幼儿师范课程标准使幼儿师范生能满足这些条件。

总而言之，以陈鹤琴、陶行知和张雪门为代表的教育家们，从热爱、尊重儿童的角度出发，以培养具有创造能力和合作精神的健全国民为主旨，设计了具有探索性和促进儿童社会化发展的活动课程，要求教师打破传统的权威型师幼观，确立民主平等的师幼观，并由此形成以"做"为中心的教育方法论，尽可能地创造一个让儿童主动去求索的、充满活力的教育氛围，让儿童从小就敢于积极主动地认识环境、探索环境。

三、现当代中国学前教育理论的发展与变革

中华人民共和国的学前教育理论以教育文化的引进和本土化为变革主线，在理性主义—经验主义—建构主义知识的嬗变中前进发展。学前课程从封闭走向开放，从可预设的确定性走向过程性，教师与儿童成为课程意义的创造者，而课程意义也在师幼不断建构的过程中逐渐丰富。20 世纪五六十年代，中国学前教育主要受到维果茨基最近发展区理论的影响，从传统教学走向发展性教学。20 世纪 70 年代末，中国学前教育主要受到皮亚杰儿童认知发展理论影响，引进了"活动"课程观，主张教师的任务就是给儿童提供能够同化的环境，让儿童通过与环境的相互作用即通过活动可以主动地获得发展。重视儿童的经验，注重让儿童在熟悉的环境中利用自己的原有经验去进一步理解、建构，从而帮助儿童不断地组织、提升经验。20 世纪 80 年代，主要受人本主义"完整的儿童"观影响，中国普遍倡导整体性的教育观、整合型课程观，强调教师是儿童学习活动的促进者、鼓励者，是儿童真诚的、可信赖的、有情感的指导者。20 世纪 90 年代后期，随着维果茨基的最近

发展区理论、社会建构论再次复兴，以及加德纳的多元智力理论、瑞吉欧方案教学在世界上广泛盛行，中国学前教育课程变革为重视儿童认知的主动建构，重视社会文化环境、团体合作对儿童发展的影响，倡导儿童运用多种方式进行认知、表达与沟通，来获得完整的感觉经验，重视儿童作为完整的、多元智力发展的人参与课程活动，强调在教学中注意激发儿童丰富的感觉经验，促进儿童想象力、创造力的提升，发掘儿童的内在潜力，最终形成儿童良好的性格。

（一）学前教育理论（1949—1978 年）

伴随中华人民共和国的成立，中国学前教育进入了一个崭新的发展阶段。自 1948 年《世界人权宣言》的颁布，国际社会保护儿童地位与权利的呼声日益高涨，尤其是 1959 年联合国第 14 届全体会议通过的《儿童权利宣言》第一次公开肯定了儿童与成人同样享有社会地位和权利保障。此外，1957 年前苏联第一颗人造卫星上天，这对资本主义国家特别是美国的撼动很大。基于此，加强对幼儿进行科学和技术教育成为指导世界学前教育改革的主要方向，学前教育界将其称为天才教育和创造性教育的时代。中华人民共和国在全面引进苏联学前教育的理论与经验的基础上，把抚育儿童身心健康、便利妇女参加社会建设作为其双重任务，在经历大力发展（1949—1957 年）—盲目发展与调整巩固（1958—1965 年）—全面破坏（1966—1976 年）—拨乱反正（1976—1978 年）的过程中积累了一定经验教训，为党的十一届三中全会后学前教育的发展奠定了基础。

20 世纪 50 年代的学前教育提倡民主、大众、科学的教育。在前苏联的影响下，学前教育以全面发展教养为指导，关注科学教育和加强智力开发，提出了促进幼儿全面、和谐发展的目标体系。学前教育的社会目标是为幼儿进入小学打下坚实基础，养成良好的习惯与态度，培养幼儿的忍耐力；其教育目标是培养幼儿的创造精神，逐步习惯于单独解决日常生活中发生的现实问题；其发育目标是注意幼儿的身心和谐发展，特别注意幼儿在发展中所出现的缺陷与矫正；在教育目标方面，强调养成教育（十分重视"三浴"锻炼对幼儿适应环境的重要作用，尤其是空气浴对幼儿的影响），感官教育，培养幼儿的科学精神（好奇心、求知欲、实事求是的态度、动手能力和思考能力）、表达能力，孕育幼儿的爱国情感及幼儿体验美、创造美的能力。学前教育课程注重学术内容，多采用分科教育模式，强调学科结构和追求卓越知性。这种分科教育的代表成果为《幼儿园暂行规程》《幼儿园暂行教学纲要》，倾向于集体主义的文化价值观、重视内容中心的哲学观，以及非常重视社会需要、适当考虑个人需要的课程观，首次将"学前教学"的概念引入幼儿园教学，并加强各科的纵向联系和知识系统性。

在教学内容上围绕是否教幼儿识字展开了长达十年之久的讨论。关于识字和拼音教学的可能性，在理论上和实践中得到了肯定，但不主张进行推广。陈鹤琴曾提出可以对幼儿进行阅读教育，认为四足岁的幼儿就可以识字，儿童（五六岁）对识字有迫切的愿望，识字对幼儿发展是否有利取决于所用的教材及教育方法。而国家教委（现称"教育部"）分管幼教的张逸园依据前苏联的教育理论和巴甫洛夫的生理学理论，明确反对和禁止幼儿阅读教育（识字教育）。她认为识字教学违背学前教育任务，损害幼儿身心健康（幼儿识字后好静不喜动），且不利于一年级的教学。1958 年在解放思想、缩短学制和教学改革等因素的共同影响下，陆定一根据幼儿园大胆进行识字、拼音及数学教育实验的结果，肯定了陈鹤琴的观点，并得到了家长、幼儿及社会的认同，但不提倡早期阅读教育是宗旨；倡导教师从拼音教学入手，提出拼音教学的目的在于学会拼音可以识字，主张精讲多练的教学原则，以复习巩固为主，为幼儿入小学做好充足准备。

在教学形式上以游戏作为学前教育的主导活动。学前教育任务通过各种活动来实现。在《幼儿园工作指南》中，游戏活动既有以幼儿为主体的创造性游戏，又有以教师为主体、幼儿共同参与的活动性游戏及教学游戏，而在这三类游戏中的师幼关系不断发生变化。在创造性游戏中，教师的直接控制最少。采取教师在后、幼儿在前的学习方式，教师在幼儿需要帮助时给予启发、指导，以幼儿的完全自由、自愿为基础，教师在游戏中进行个别指导工作。活动性游戏则着重在幼儿的动作发展，随着幼儿对游戏规则的遵守逐步加强，教师对游戏角色和规则的示范也要逐渐减少，教会幼儿玩是主要任务，并让幼儿学会遵守规则。教学游戏将发展智力与感官训练、语言的发展紧密结合，采用教师在前、幼儿在后的学习方式，重视在教师领导下幼儿参与教学活动，逐渐减少幼儿与物体发生直接接触，增加教师语言描述的成分，并要求幼儿学会评价游戏，通过幼儿的感官参与与初步的理性思考相结合来实现教育目标。而且，教学游戏和活动性游戏的规则与竞赛成分随着幼儿年龄的增长而逐渐加强。

（二）中国学前教育理论体系（1978 年至今）

1978 年 12 月，党的十一届三中全会提出了"解放思想、开动脑筋、实事求是、团结一致向前看"的指导方针，将全党的工作重心转移到社会主义现代化上来，实施改革开放的战略决策。这为我国教育事业走上健康发展的轨道指明了方向，特别是《中共中央关于教育体制改革的决定》和《中国教育改革和发展纲要》是教育改革与发展中具有里程碑意义的重要文件，对学前教育改革和发展具有纲领性的指导作用。

这一阶段的学前教育改革在中国社会全面转型的过程中推进与发展，而学前教育工作者们开展了广泛的国内外学前教育历史经验与理论的实证研究。到 20 世纪 80 年代末，我国学前教育受皮亚杰、布朗芬布伦纳、泰勒等人的课程理论影响，在沿用苏联的分科课程模式的基础上开始进行逐步改革，并逐步形成了整体教育观、整体发展观、活动观、个体观、主体性教育观等观念，而这些观念成为第三次幼儿园课程改革的指导思想和理论的重要基础。到 20 世纪 90 年代后，通过以《幼儿园工作规程（试行）》的实施为起点，我国学前教育开始进行课程整体改革，在学前教育观、课程目标、课程组织、课程评价等方面都发生了深刻变化。

1. 学前教育观念质变与新型的个性教育观正在形成

第一，树立主动发展的完整幼儿观。社会承认幼儿是一个主动发展的、具有巨大潜力的、独特的完整个体，注重幼儿发展的潜在性、主动性、差异性和完整性的新型幼儿观逐渐被人们接受，并受到法律保护。

第二，具有创造性和健全人格的教师是中国幼儿教师的理想人格特征。随着社会的发展，幼儿教师的形象正在发生明显改变，活泼、健康、充满竞争力和富有探索精神、富有爱心的教师正成为社会期望的理想型教师。

第三，形成了终身学习、终生发展的学前教育观。学前教育作为个人生活的进程，应以幼儿自身的和谐发展为目标，关注幼儿的快乐童年及每位幼儿的独特个性、个别差异性，以提高全体幼儿的整体素质为指向；强调幼儿的可教育性和发展性，充分发展幼儿的主体性和能动性，为幼儿的终身学习和可持续发展打下坚实基础，充分保障每位幼儿有实现自己的潜力和享有创造自己未来的权利。

2. 课程目标：从"预设"走向"生成"，从"重物"转向"重人"，从"重教师"转向"重儿童"

在我国20世纪八九十年代的学前教育课程领域，课程研究受到了泰勒技术理性主义的课程开发范式的影响，课程目标是事先规定好的，根据目标制订具体的、下位的层级目标，然后依据目标选择内容、组织内容，并通过一定的手段、程序与步骤实施，最后通过评价再归结于预定的目标。这种预设性课程目标容易造成灌输式教学，会忽视启发、诱导等方法；注重知识的传授，忽视情感的培养；注重预设目标的达成，忽视目标的更新；强化教师的控制，弱化学生的主动；对课堂情境的简单化、僵化处理。进入20世纪90年代后期，我国的学前教育课程研究逐渐摆脱了泰勒的目标模式，开始受到课程的过程模式、情境模式的影响，课程研究范式发生了一定的变化，走向课程开发与课程理解研究的整合。开始关注教学过程中的生成性目标，在教学情境中，教师要保持着对情境的整体感知，并对教学情境中的教学事件保持关注，分析事件的性质，捕捉教学事件的教育意义，继而形成新的教育目标。

20世纪80年代初，学前教育课程关注的重心是"知识"，即物化的幼儿园教材，课程的目标是对学前儿童进行"双基"教育。这种课程价值取向强调教师在教育过程中的主体作用，儿童被视为完成教育教学任务的工具，其主体性被完全忽视，是教育中无"人"的表现。在课程改革过程中，人们越来越认识到这种价值取向不利于儿童的全面发展，课程的重心逐步转向人——儿童，强调通过活动促进儿童发展，强调在教育过程中关注儿童的兴趣、能力和需要，课程的目标是促进儿童的全面和谐发展。这样，课程价值取向实现了由"重物"到"重人"、由"重教师"到"重儿童"的转变，传统的知识中心和教师中心取向得到了根本性的扭转，课程中人的发展价值取向得以确立。

3. 课程组织由分科教学走向活动教学

20 世纪 70 年代中期至 80 年代末，我国依然沿用前苏联的分科课程模式，强调课程科目分科设置，课程的实施主要采用教学形式，主张以教师为主导，以幼儿为主体；强调课程内容的系统性和逻辑性，强调发展幼儿的智力。20 世纪 90 年代的课程改革，其目的是解决课程内容范围太宽泛、零散琐碎、偏深偏难，幼儿和教师负担过重，而幼儿教师又难以较好地选择教育内容，过多重视知识技能的传授，较少关注教育过程等问题。学前教育要传授给幼儿一定的文化知识，培养其基本技能，但更要关注幼儿的情感，发展其能力，培养幼儿的主体性，把培养幼儿的基础素质作为教育的中心。而要达到此目标，就必须重视把幼儿、教师与各种课程资源相互连接起来的教育过程，深入研究教育过程中的师生关系，创造有利条件，促进师生之间积极地相互作用。对此，《幼儿园工作规程（试行）》（1989）明确提出：幼儿园的教育活动应是有目的、有计划引导幼儿生动、活泼、主动的，多种形式的教育过程。"教育活动"这一概念地提出，逐渐改变了过去以上课为主的课程模式，引发了广大学前教育工作者研究设计适合幼儿发展的教育活动的大量探索，游戏作为教育活动的基本形式被确定下来。

4. 课程评价取向由"重结果"向"重过程"转化

在 20 世纪 80 年代，课程评价采用的是目标模式下的结果性评价，是指教师根据幼儿的表现对幼儿进行评价，评价的主体是教师，评价的目的是看课程目标的达成情况，以便于对幼儿进行横向比较，重视对课程实施结果进行评价。20 世纪 90 年代后，在多种国际教育理论的影响下，课程模式趋于多元化，产生了综合课程、游戏课程、情感课程等课程。在评价取向上，人们逐渐认识到结果性评价容易忽略被评价对象——儿童的主体地位、个体差异和教育过程中的非确定性因素，且根据单一评价标准评定出的结果对儿童进行横向比较、纵向排队并区分儿童的优劣，不利于儿童的发展。为此，过程性评价取向开始引起人们的关注，它强调对整个教育过程进行评价，强调儿童在生活、学习过程中的变化和发展，评价方式是纵向比较，评价的目的是了解儿童的发展状况，从而更好地促进儿童发展。

第三节 现代典型的学前教育方案

一、瑞吉欧的方案教学

20 世纪初，在进步主义教育思潮和科学化的儿童研究运动的共同影响下，以反对传统科目式的课程组织为本位，方案教学于 1900 年首次被美国哥伦比亚大学的劳作科主任李查特提出来，后得到克伯屈的发展、应用及推广。方案教学是指由学生自己计划，采取一连串的行动，并按照预定目标去进行活动的方法，以培养学生各种问题解决能力为宗旨。

方案教学体现了自主与主动的特征，其意义表现在探索过程本身就是充满变化、充满兴趣与自发性的学习机会，强调达到目标过程中的步骤性，关注学习活动对学生的意义，突出"做"和"思考"的要素。

在学前教育实践中，方案教学主要强调知识不再是由教师灌输给儿童，而是根据儿童的生活经验和兴趣确定活动的主题，并以该主题为中心加以扩散，编制主题网络，既不分科，也不分割，让儿童在他们有兴趣、对其有意义的主题下进行学习，在愉快的环境当中获得知识、技能、情感、态度的提升。

瑞吉欧方案形成于第二次世界大战后的废墟中。20世纪中后期，意大利教育情况发生恶化，缺乏政府的指导与关心，不能够对生活在家庭问题同样突出的环境中的幼儿进行有效的教育。据此，在具有合作传统的意大利北部小镇瑞吉欧，以帮助儿童适应社会变化为目的，各界人士共同努力开办学校，并由教师和父母合作进行学校管理，经过多年的合作和实践，发展和形成了瑞吉欧教育体系。瑞吉欧教育体系包含瑞吉欧学前教育系统里所有共有共享的信念（包括对儿童、教师和成人角色、学习、创造力的看法，对合作、共存、互动、关系的看重），组织与系统的运作，以及课程与教学这三大范畴。瑞吉欧方案教学是瑞吉欧教育系统中课程与教学的组成部分。

（一）瑞吉欧方案的理论来源

瑞吉欧课程的建立受到多种教育思想影响。

首先是继承和发扬了杜威的实用主义思想，包括杜威对儿童和教师的看法，以及儿童的自由活动的观点，及其教育目的观。杜威强调儿童生来具有社交、制作、探究和艺术的本能，教师应为儿童提供展现本能的机会，让儿童在"做中学"，即通过项目活动来进行学习，反对灌输行为，活动过程不应以社会、政治的抽象目的为导向，而应以促进儿童发展为目标。

其次，受到皮亚杰的发生认识论的影响。皮亚杰明确提出，知识既非源于主体，也非源于客体，而是源于主客体相互作用的结果。主客体相互作用在这里指让儿童通过多样性的活动获得知识。皮亚杰还认为，儿童的认知发展具有一定的阶段性和顺序性，每一发展阶段儿童的认知结构都有其独特的特点，因此，教育必须根据儿童年龄阶段的特点及认知发展顺序来进行，照顾儿童的个别差异，发掘出他们的学习潜能，使得他们得到和谐发展。

最后，布鲁纳的认知理论也是瑞吉欧方案的理论来源。布鲁纳认为只要给学习者提供发现各种关系的机会，学习者就会积极主动地去组织各种素材，并建构成自己的认知结构。认知理论为方案教学的主题网提供了理论支持。

（二）瑞吉欧方案体系

1.课程目标

瑞吉欧教育目的定位于"有利于儿童经由连续不断地与他人及其他文化的区别和融合的过程，而形成创造性的智慧，使孩子有机会透过自己的学习方式而获得个人独特的思考方式和对事物的敏感度"。该方案着眼于儿童整体人格的发展，主要是儿童本位的价值取向，在课程目标上追求表现性目标和生成性目标的统一。在具体的方案教学中，教师先根据儿童的前期经验制订一般性的表现性目标。该目标仅是弹性的框架，作为教师的参照体系。在教学过程当中，教师又会根据在活动中幼儿的反应及活动的进展来确定生成性目标。瑞吉欧的教育目标是一个连续动态的、由活动方案联结的纽带。该目标体系追求的是加大儿童创造和发现的可能性，促进儿童在认知、情感、态度等多方面的发展。

2.课程设计及内容选择

瑞吉欧虽然接受了杜威的部分儿童观，但瑞吉欧在课程设计上却摒弃了以儿童为绝对中心、忽略了教师作用的放任自流式教育，在"教师中心"和"儿童中心"之间找到了一个有效的平衡点。从过去的单主体中心走向儿童、教师、家长三主角共同主导的团体中心，从实体中心走向关系中心，组成一个包含正在学习、行动和想象的人的教育团体。这个团体里的人都致力于探索充满可能性的世界，都在建构新的经验，不仅孩子和教师，就连家长和兴趣浓厚的参观者，都想出一份力、尽一份贡献、创造一种意义，从而构建了一种孩子与教师、成人一起游戏、工作、说话、思考、发明的课程模式。在教学内容的选择上，只要是儿童感兴趣的都可以成为活动内容，但同时也要考虑与儿童的生活是否密切相关，是否能包含读、写、算等基本技能，是否能涉及科学、社会、文化等多个领域，是否有足够丰富的内涵让儿童在较长时间内进行持续探索。

3.课程评价

受到过程评价和主体评价取向影响的瑞吉欧课程评价，主要采用质性的评价方式，注重表现性目标的达成，强调对儿童团体的认知、情感、价值观、行为等发展状况做出评价，注重对课程发展、内容等层面的整体性评价；其目的不在于对儿童进行比较，或者给儿童贴标签，不是着眼于儿童的缺陷和不足，而是评估儿童能够独立完成的事情，以及在外界的帮助下、在不同情境下能够达到的水平。评价采用记录法，由教师在方案实施的不同阶段通过观察、谈话、参与和轶事记录等方式来收集资料，进行评估后提出适宜的课程以支持每位儿童的学习和发展。

（三）瑞吉欧方案的启示

根据瑞吉欧的教学方案，我们认识到：首先，在幼儿教育中不能仅只关心师幼关系及其主体地位的平衡，还要多考虑家园合作，把家长、社区融入幼儿教育力量中形成教育合力，这样既丰富了幼儿教育资源，也让家长更加理解幼儿教育；其次，在具体的教学中应以有效的方式进行观察、记录幼儿的成长变化，以便于制订个性化的表现性目标，同时便于对幼儿进行纵向的评价；最后，要形成瑞吉欧式的课程活动，教师的角色定位极其重要，我们应该通过各类教师培训，把传统的自我定位为知识传授者的教师转变为艺术家式的教师，正确认识教师在课程活动中的角色及地位，让观察者、记录者、指导者、支持者、激励者的角色存在于活动的各个阶段，为幼儿的自我探索、自我成长提供环境支持。

二、光谱方案

光谱方案建立于 1984 年，是为学前教育和初小教育的评价与课程的改革所做的研究。光谱象征着每位儿童的智能和潜能如光谱般多样和丰富。20 世纪七八十年代，美国教育领域矛盾较多，政府于 1983 年发布《国家处在危险之中，教育改革势在必行》，从而启动教育改革，力争实现千万人的优质教育。在这种背景下，哈佛大学加德纳教授率领的"零岁方案"组和塔夫茨大学费尔德曼率领的合作小组，进行了历时 10 年（1984—1993 年）的光谱方案项目的实践与研究。光谱方案在批评传统课程忽视儿童多样性的基础上，主张应该使课程适合儿童多样化的能力和学习方式，以促进每位儿童都能够得到发展。

（一）光谱方案的理论来源

光谱项目的进行基于加德纳的多元智能理论和费尔德曼的非普遍性发展理论。这两大理论都看到了儿童在智力上的多样性，都认为儿童具有独特性，应该相应地给儿童提供多种发展空间和机会，使得每位儿童都有机会发挥并实现自己的潜能，从而奠定了光谱方案的基调。

霍华德·加德纳，哈佛大学"零岁方案"研究主持人，被称为当今"推动美国教育改革的首席学者"。多元智能理论由加德纳于 1983 年提出。加德纳认为，智能是"个体用以解决自己遇到的真正的难题或生产及创造出有效产品所需要的能力"。他认为智能具有如下特点：首先，智能是分布的、情境化的，即智能不仅存在于人的大脑中，也可以分布在个体环境下的人和物当中，其实质是指智能的发展必然受环境和文化影响，要考察一个人的智能，也必须考虑他所身处的环境；其次，智能是一种高级的问题解决能力和创造能力，智能不容易被测量，但可以从个体解决实际问题和创造的产品中来判定智能发展程度；再次，智能是多维的，他把智能分为言语—语言智能、逻辑—数理智能、视觉—空间智能、音乐—节奏智能、身体—动觉智能、交往—交流智能、自知—自省智能、自然观察智能 8 种；最后，智能可以发展，任何年龄阶段、任何能力层次的人都可以通过学习提高智能，该点强调了教育在智能发展中的重要性。

加德纳认为，支撑多元智能理论的是个体身上相对独立存在着的、与特定的认知领域和知识领域相联系的 8 种智能，即言语—语言智能，指听、说、读和写的能力，表现为个人能够顺利而高效地利用语言来描述事件、表达思想并与人交流的能力；音乐—节奏智能，指感受、辨别、记忆、改变和表达音乐的能力，表现为个人对音乐包括节奏、音调、音色和旋律的敏感度，以及通过作曲、演奏和歌唱等表达音乐的能力；逻辑—数理智能，指运算和推理的能力，表现为对事物间各种关系，如类比、对比、因果和逻辑等关系的敏感度，以及通过数理运算和逻辑推理等进行思维的能力；视觉—空间智能，指感受、辨别、记忆和改变物体的空间关系并借此表达思想和感情的能力，表现为对线条、形状、结构、色彩和空间关系的敏感度，以及通过平面图形和立体造型将它们表现出来的能力；身体—动觉智能，指运用四肢和躯干的能力，表现为能够较好地控制自己的身体、对事件能够做出恰当的身体反应以及善于利用身体语言来表达自己的思想和情感的能力；自知—自省智能，指认识、洞察和反省自身的能力，表现为能够正确地意识和评价自身的情绪、动机、欲望、个性、意志，并在正确的自我意识和自我评价的基础上形成自尊、自律和自制的能力；交往—交流智能，指与人相处和交往的能力，表现为觉察、体验他人情绪、情感和意图并据此做出适宜反应的能力；自然观察智能，指个体辨别环境（不仅是自然环境，还包括人造环境）的特征并加以分类和利用的能力。

非普遍性发展理论是发展心理学家费尔德曼于 1980 年在《超越普遍性的认知发展》一书中提出的。费尔德曼认为，以往的发展心理学只注重研究儿童在发展中的普遍性问题，严重忽视了儿童发展的非普遍性问题，如为什么儿童在不同领域发展的速度是不同的。他认为，人的发展不仅包括普遍性发展（每个人都必须经历的自我发展），而且包括非普遍性发展（并非每个人都能经历的、由环境和教育所推进的发展）。费尔德曼曾指出，儿童发展是由普遍性领域逐渐过渡到非普遍性领域，而且儿童发展的这种过渡有一定的顺序，即普遍性能力—泛文化的能力—文化的能力—学科的能力—个人专长—个人的独特性。

（二）光谱方案体系

1. 课程目标

光谱方案的目的是通过研究让教师、家长及儿童自身充分认识到个体的智能，像光谱一样丰富多彩，并且每位儿童都具有个性化的优势智能。光谱方案教学的课程目标是帮助儿童发现并确定其多彩智能中的优势智能，以及与优势智能相关的关键能力，并通过教师的协助支持优势智能和关键能力的快速发展，把优势智能和关键能力的成长经验迁移到其他智能和能力的发展中，从而促进儿童和谐发展。

2. 课程内容及组织

（1）课程设置的出发点。以儿童同时拥有多彩智能、优势领域与弱势领域并存为依据，光谱方案的教学材料的选择强调丰富性和启发性，以满足各领域智能发展的需要。以儿童拥有个性化的智能差异为依据，光谱方案强调儿童活动的主体性和个性化参与。但光谱方案也认识到仅仅只是靠儿童自身的探索并不能有效地促进智能发展，还需要教师在有计划的环境中进行有目的的指导。儿童、教师、教室、材料及外部环境在光谱方案中都显得格外重要。光谱方案力图在儿童的好奇心和幼儿园课程之间、儿童的能力和幼儿园的智能课程之间、教室中的学习和外部世界之间建立起三个关联桥梁。

（2）学习活动形式。光谱方案主要通过光谱学习中心进行活动，每一个光谱教室有8个学习中心，包括机械和建构、科学、音乐、运动、数学、社会理解、语言、视觉艺术活动，即8大课程领域。这些学习中心的设置及学习中心开展的活动都是根据光谱方案的8大评估领域（工作风格、科学、音乐、运动、数学、社会理解力、语言、视觉艺术），以及相关关键技能来建构的。此外，光谱方案的学习活动形式还包括与社区、地方儿童机构如儿童博物馆联合进行活动，实行导师制。

（3）活动样板设计。光谱方案在8大课程领域里为教师提供了不同类型的活动样板，每个课程领域都由15~20个活动样板组成。选择这些活动样板的依据是：能反映各种类型的智能；在各大学习领域内，能强调和练习关键能力；在有意义的背景中能与问题解决的技能有关；能给教师提供有关为每位儿童准备合适课程的信息。

（4）活动步骤和活动类型。光谱方案具体的活动过程一般分为4个步骤：①让儿童见识或接触广泛的学习领域；②在丰富的学习环境中发现儿童的强项；③发展儿童的强项；④把强项迁移到其他领域和学业表现中去。光谱方案的具体活动类型有：儿童中心的小组活动、教师中心的小组活动、儿童中心的大组活动、教师中心的大组活动。

3.课程评估

光谱方案的课程评估以发现儿童的强项为根本目标，为儿童的强项与弱项之间建立联系；评估的重点是赞扬儿童的强项，并根据强项为儿童提供适宜的学习机会和学习经验。在评估过程上，光谱方案通过创设具体活动情境，在儿童的活动现场进行评估，教师会运用光谱活动材料，并根据光谱评估方案提供的对某一具体领域进行观察的详细框架对儿童进行观察，从而对儿童在某一领域的发展做出深入评估。光谱方案的评估范围突破了传统智力测试的狭窄性。评估的智能领域涉及语言、数学、运动、音乐、科学、社会理解力和视觉艺术等领域。评估结果不但应用于补充、完善课程本身，还对儿童个体和班级整体产生积极的影响。

（三）光谱方案的启示

多元多彩是光谱方案的主要特色。根据光谱方案，我们应以发展所有人的所有方面为教育目标。这一教育目标可以通过丰富多样的课程内容来实现，在幼儿的全方位活动中发现幼儿的优势面，并用光谱教学法使幼儿优势面的学习经验迁移到弱势面上，从而促进幼儿和谐发展。这一发展需要教师与幼儿全方位进行合作，而教师在幼儿的活动过程中要密切注意观察幼儿的活动情况，并适时给予引导。对于幼儿的活动成果，教师要给予适当评价，以鼓励优势成果为切入点，增强幼儿的创造信心，来保证优势经验的迁移效果。

三、蒙台梭利教学法

19 世纪末 20 世纪初，工业革命引发世界各领域发生巨变，教育也亟待革新。蒙台梭利运用生物学的观点和方法，以自创的"儿童之家"为实验基地进行儿童教育实验研究，创建一门科学的教育学，从而改良教育，促进社会进步。她运用科学的方法来观察幼儿的发展并加以记录，研究结果主要体现在《童年的秘密》《高级蒙台梭利方法》等著作中。蒙台梭利通过研究指出：儿童的心理发展既是儿童心理内部的成熟，又受到教育、环境的影响，儿童内部的冲动是通过其自发活动表现出来的，为了使儿童能够得到良好发展，成人必须创造适宜的环境。

（一）蒙台梭利思想的理论来源

生活在自然科学繁荣时期的蒙台梭利学习了多种自然科学，特别是生物学。她研究过达尔文的进化论，孟德尔和德弗里斯等人的遗传学说，以及法布尔等人的生物学理论。法国唯心主义哲学家柏格森的生命哲学思想以及卢梭的自然主义思想，对蒙台梭利产生了很大的影响。柏格森认为生物的进化过程就是意志的创造过程，他用"生命的冲动"和"创造进化论"的观点来代替自然科学的见解。卢梭则主张一切顺应自然，反对无理的约束。正是在多方面的影响下，蒙台梭利认为儿童生命力的表现就是自发冲动。正是这种生命力本能的自发冲动，赋予儿童积极的生命动力，而这种生命动力促进个体不断发展，窒息自发冲动也就是窒息了生命本身。所以她强调教育要顺应人的自然天性使其自由发展，让儿童在自由发展中得到充分发展，使其生命力得到最充分的体现。

蒙台梭利在上述自然科学、哲学及福禄贝尔学前教育思想的影响下，在教学实践中总结并建构了蒙氏学前教育理论。她认为儿童的发展是一个连续的自然过程，它可以划分为不同的阶段和敏感期。在某一敏感期，儿童对某一物体和联系特别感兴趣、特别敏感时，能够毫无困难地应付和学会当时感兴趣的事物，而敏感期一旦过去，相应的兴趣也会随之消失。蒙台梭利根据自己的观察和研究，把儿童的发展分为 3 个阶段：出生到 6 岁被称为创造期（其中，从出生到 3 岁被称为胚胎期，此时儿童无有意识的思维活动，3~6 岁为个性形成期）；6~12 岁是平稳发展时期，开始具有抽象思维的能力，这一时期最适宜学习，开始形成学习技能和艺术技能，产生道德意识和社会感；12~18 岁为青春期，个体身心发展逐步走向成熟。

（二）蒙台梭利教育思想体系

1. 教学目标

蒙台梭利把教育目的概括为两方面：一是生物学目的，以实现个人的自然发展；另一个是社会学目的，来促进个体适应社会环境，成为社会的有用成员。蒙台梭利认为，儿童有生长的需要，可他必须经过自我建设、自我教育和独立奋斗来达到自我表现、自我发展。据此，蒙台梭利教学法的基本任务就是使儿童潜在的能力能够在有准备的环境中自由地得到自我发展。与此同时，蒙台梭利教学法特别注重在发展中知识欲望的获得（而不是获得知识本身）、能力的培养和独立性的培养。

2. 教学内容

蒙台梭利教学法的主要教学内容分为 5 个方面：日常生活练习、感官教育、读写算的练习、自然和劳动教育、健康教育。其中，感官教育是蒙台梭利教学法的一大特点，在全部课程中占有突出地位。

（1）日常生活练习。蒙台梭利认为，从整个方法考虑，工作必须以孩子适应社会生活方式做准备开始，必须吸引他们对这些生活方式的注意。实际生活练习包括日常清洁、遵守秩序、保持安静和日常会话。

（2）感官教育。感官教育是指让儿童依靠设计好的教具进行自我教育的过程，包括感觉物品、认识物品和记忆物品 3 个步骤。蒙台梭利认为，感官教育有助于幼儿发展感知觉的敏锐性，发展区分与辨别相同、相似及细微差异的能力。

（3）读、写、算的练习。3~6 岁儿童已经具备学习文化知识的能力，而且读、写、算教育以感官教育为基础，在感官教育的过程中进行。因此，教育者应当利用儿童的学习能力，为儿童准备适当的教材、教具，提供正确的学习途径。

（4）自然和劳动教育。让儿童参加体力劳动，接触大自然，能培养儿童的爱心、责任心和对大自然的感情。同时，动手练习还能促进儿童智力发育、人格健全。

（5）健康教育。蒙台梭利认为，锻炼儿童的四肢、肌肉以及各种器官机能，能促进儿童身体健康。她把这种锻炼称为"体操"，包括四肢体操、自由体操、教育体操和呼吸体操。

根据蒙台梭利教学法，儿童在两岁半入园后，开始是进行日常生活练习，以便习得基本生活自理能力，获得忍耐等意志力，养成基本生活习惯与态度，培养师生之间、生生之间的信赖关系；在 3 岁左右实施感官教育；4 岁左右，待到感官教育有了一定基础后开始进入读、写、算的练习。而健康教育、自然和劳动教育则采取适合儿童年龄特点的方式进行，贯穿整个学前教育阶段。

3. 教学评价

蒙台梭利教学法对课程评价无明确定义，这与蒙台梭利教学法的操作过程有很大关联。在蒙台梭利教育中，儿童的学习主要是通过对"有准备的环境"中的教具进行操作，而教具具有自我矫正功能，儿童可以进行自我教育。教师的评价主要是为了鼓励和引导儿童的活动，根据儿童的观察进行合适的引导，然后通过不断调整教育材料，促进儿童健康发展。在蒙台梭利教学法中，教师的评价是隐形的，是为发展服务的过程性评价。

（三）蒙台梭利教学法的启示

根据蒙台梭利教学法，在学前教育中，我们应该为儿童创设一个能够帮助他们发展的"生命的活动"的真实环境。在这个环境中要为儿童提供足够的设备和用具，使得儿童在这个环境中能够获得丰富的感觉刺激，得到自由而充分的发展。教育者在引导儿童发展的过程中，应该以培养儿童对知识的求知欲为主，不要以获得具体知识为目标。自由工作是儿童发展的核心，是儿童集中注意力、形成秩序和意志力的关键，教师应事先充分设计好丰富、有趣的活动，以便儿童自觉自愿地专心参与到其中。

四、陈鹤琴的"活教育"方案

民国时期，在大力提倡民主和科学、反对封建旧教育的"五四"新文化运动的影响下，以及在欧美、日本等国的学前教育经验对中国教育的冲击下，1928 年，陶行知和陈鹤琴联合提出了"注重幼稚教育案"，把增加儿童的身心健康、力谋儿童应有的幸福与快乐、培养人生基本的优良习惯、协助家庭教养儿童并改进家庭教育作为学前教育的总目标。在此背景下，陈鹤琴提出了"活教育"的教育理论，并进行实践，产生了"活教育"教育方案。

（一）"活教育"理论的来源

杜威的实用主义教育理论是"活教育"的理论来源之一。杜威反对教育准备说，倡导教会儿童适应眼前的生活环境，提出"教育即生活"，应该格外注重教育过程中儿童的体验。除了体验教育过程本身外，也可以让儿童在学校体验到社会生活，具体做法是选择部分社会内容浓缩到学校之中，把学校变成微型、雏形"社会"。他以经验论作为理论基础，提出"教育即经验的连续不断的改造"，认为儿童经验的获得要依靠儿童自身的活动达到，即"从活动中学"。

陶行知作为同时代的教育家，对陈鹤琴影响甚大。陶行知的生活教育理论脱胎于杜威的实用主义教育学说，同时又对其进行了扬弃和超越。陶行知认为，杜威的教育即生活理论，以及实行的学校即社会方式，把社会的生活搬一部分到学校中，犹如把一只鸟关进笼子里，这不是教育与生活的最好的衔接方式，于是提出"生活即教育"主张。如果杜威强调的是教育过程中的生活性，陶行知则强调的是生活本身的教育性。

陈鹤琴在杜威、陶行知等人的影响下，通过自己的实践，提出了自己的"活教育"理论——"教活书、活教书、教书活；读活书、活读书、读书活"，这可以理解为，选用灵活的教学材料、运用灵活的教学方法教学，让教学愉快；读各种有益书籍，有方法地读书，让读书变得快乐。陈鹤琴的决心就是要把腐败的"死教育"，变成前进的、自动的、有生气的"活教育"。在"活教育"方案的执行过程当中，陈鹤琴还受到了克伯屈的设计教学法和道尔顿制的影响。

（二）"活教育"方案体系

1. "活教育"的目标体系

"做人，做中国人，做现代中国人"是"活教育"方案的目标。同时，陈鹤琴又赋予了"现代中国人"5个方面的要求：要有健全的身体、建设的能力、创造的能力、能够合作、要服务。"做人、做中国人、做现代中国人"这3个目标逐一递进，强调民族意识、国家观念、时代精神和现实需求，使得教育目标愈发具体、明确，清晰地表达了陈鹤琴对个体生命发展的追求。

2. 课程编制原则及方法

"活教育"课程编制严格遵循10大原则，其中包括课程的民族性、科学性、大众性、儿童性、连续发展性、现实性、适合性、教育性、陶冶性和言语性。课程编制方法有圆周法、直进法和混合法。圆周法指所有年龄段班级的教育单元内容相同，但是研究难度会根据年龄从小到大，要求由浅入深，如幼儿教育中研究"猫"，小班研究猫的颜色，中班研究猫吃什么，大班研究猫的习性。直进法指将儿童生活中所接触的事物，按照事物的性质和内容的深浅而分布在各个不同的年龄班中，如小班研究猫和狗，中班研究羊和牛，大班研究马和虎。混合法则是圆周法和直进法的有机结合，而实际工作中多用此法。

3. "活教育"的保教内容

"大自然、大社会是我们的活教材"，这是陈鹤琴对"活教育"课程的概述。"活教育"的具体保教内容主要体现为"五指"活动：一为儿童健康活动，包括卫生、体育、营养等方面，具体执行为包括饮食、睡眠、早操、游戏、户外活动、散步等；二为儿童社会活动，包括史地、公民、时事等方面，具体可执行为朝夕会、周会、纪念日、集会、每天的谈话、政治常识等；三为儿童科学活动，包括生物、数学、物理、化学、地理等方面，具体执行为栽培植物、饲养动物、研究自然、认识环境等；四为儿童艺术活动，包括音乐、美术、劳动等方面，具体执行为唱歌、节奏、欣赏、画画、做剪纸等；五为儿童文学活动，包括读、写、译等方面，具体执行为故事、儿歌、谜语、读法等。这五个方面是相互联系的，就像人的五个手指，共同构成了具有整体功能的手掌，有主次之分，可以伸缩，整体而连贯，从而结成一个独立而又相互协作的教育网。它以"做"为中心组织课堂教学，使各个学科之间互相渗透，方便儿童掌握知识和技能。"活教育"的课程论把儿童的视野从书本移向大自然、大社会，有助于丰富儿童的知识和经验，激发他们的兴趣，培养他们的思维能力和创造能力。

4. "活教育"的保教方法

"做中学、做中教、做中求进步"是"活教育"的基本原则。"做中学"指让儿童去做、去思考、去发现，其目的是激发儿童的主体性。"做中教"是指教师要用积极的暗示代替消极的命令，在做的过程中从各方面去调动学生的积极性，共同进步。陈鹤琴把这一原则体系细分为 17 个方面，分别是：鼓励儿童去发现他自己的世界；积极的鼓励胜于消极的制裁；大自然、大社会是我们的活教材；比较教学法；用比赛的方法来增进学习的效率；积极的暗示胜于消极的命令；凡是儿童自己能够做的，就应当教儿童自己做；凡是儿童自己能够想的，应当让他自己想；教学游戏化；教学故事化；教师教教师；儿童教儿童；精密观察；你要儿童怎样做，就应当教儿童怎样学；替代教学法；注意环境，利用环境；分组学习，共同研究。"活教育"的方法论提倡儿童是学习的主体，教师要在适当的时候指导好儿童的活动，激发儿童的兴趣，启发儿童的思想，培养他们的动手操作能力和独立思考能力。

"活教育"的课程组织采用整体教学法。陈鹤琴认为，幼儿园的分科教学不能够违反儿童的生活和儿童心理，不能四分五裂、杂乱无章。整个教学法就是把儿童所应该要学习的东西整个地、有系统地教给儿童，具体方法可划分为 4 个步骤，即实验观察、阅读思考、创作发表和批评研讨。这 4 个步骤是教学过程的一般程序，不是机械的、割裂的，它们同样体现了以"做"为基础的儿童主动学习的过程。

（三）"活教育"的启示

陈鹤琴的"活教育"方案在教育目标上体现出社会性、民族性、与时俱进性；在教学内容上体现出自然性、社会性和相关性；在教学方法上体现出灵活性和整体性。这些思想不仅要符合当时中国国情，而且在今天依然具有借鉴意义。例如，在教学目标的制订上，由于既定的官方教育目标必然会滞后于教育实践，所以在制订幼儿教育教学目标时，要针对当前的社会政治、文化背景对教学目标随时进行微调；在课程资源的开发上可以多利用民间资源、社区资源和自然资源，以保证资源的丰富性及幼儿对资源的适应性；在教学方法上，应以学生活动为主、教师教为辅，让儿童在"做"的过程中不断发展，并以整体性的观点整合各种独立活动，使活动之间具有相关性。

五、海伊斯科普课程

海伊斯科普课程是海伊斯科普教育研究机构的成果，又叫高展课程，它于 1962 年由美国儿童心理学家戴维·韦卡特创立的海伊斯科普教育研究机构所研制，是美国的"开端计划"，即通过帮助处境不利的学龄前儿童摆脱贫苦的学前教育方案。该课程认为，发展的结果是科学的思维，应尽早以适合儿童年龄的方式，通过工作来形成儿童良好的心智。

（一）海伊斯科普课程的理论来源

海伊斯科普课程主要以皮亚杰的认知发展理论为基础，吸收了现代教育学和心理学的研究成果。海伊斯科普课程设计者以各阶段儿童心理发展的特点为重要依据，选择合适的学习材料，以保证课程结构内容与儿童智力发展的结构相适应，强调根据每一位儿童的发展水平去促进其发展。皮亚杰关于儿童作为知识建构者的思想在该课程中也得到了体现。该课程的设计者将儿童看成是主动学习者，认定儿童能在其自己计划、进行和反应的活动中获得较好的学习。该课程的主要活动内容——49条关键经验，也是在概括皮亚杰有关处于前运算阶段的儿童所具有的最重要的认知特征的基础上提出的。该课程的组织还吸收了以色列心理学家斯米兰斯基的一日生活的组织原则：计划、工作和评价。

（二）海伊斯科普课程体系

1. 课程目标

根据时代需求，海伊斯科普课程的教育目标重社会取向和结果取向。在美国大力推进教育改革的进程中，其原始目的是帮助非裔儿童在公立学校获得成功，其后发展为帮助所有儿童在学校教育中获得成功。在教学的具体目标上，1979年以前主要以如何发展幼儿的认知与智力为主；1979年开始把幼儿的主动学习和强调知识建构作为课程的核心思想。在教学目标上以认知发展为中心，同时要格外注重儿童社会性与情感的全面发展。课程的评价性目标则是关键性经验的获得。

2. 课程内容

海伊斯科普课程的内容主要围绕幼儿认知发展应获得的49条关键经验展开，而教师在活动中为幼儿创设环境、提供条件，帮助幼儿逐步获得这些经验。课程内容涉及幼儿认知发展的各个领域：主动学习、语言运用、经验和表征、分类、排序、数概念、空间关系、时间关系等。其中，各领域具体的关键经验有如下五个。

（1）主动学习的关键经验：让幼儿运用自己的各种感官来探索；通过直接经验来探索关系；制作、转换和组合物体；根据自己的意愿来选择材料和进行活动；获得使用工具和设备的技能；使用大肌肉进行活动；让幼儿自己做事，解决日常问题。

（2）语言运用的关键经验：与别人交流自己有意义的经验；描述物体、事件和事物之间的关系；用语言表达情感；由教师把幼儿的口头语言记录下来并读给他听；从语言中获得乐趣（念儿歌、编故事、倾听诗歌朗诵和故事讲述）。

（3）经验和表征的关键经验：通过听、摸、尝、闻来认识物体；模仿动作；把图片、照片、模型与真实的场景、事物联系起来；玩角色游戏和装扮游戏；用泥、积木等材料造型；用不同的笔绘画。

（4）发展逻辑推理的关键经验：发展逻辑推理的关键经验包括分类（探究和描述事物的特征，注意并描述事物的异同并进行分类和匹配，用不同的方式使用和描述物体，描述事物所不具有的特征或不归属的类别，同时注意到事物的一个以上的特征，区别"部分"和"整体"）；排序（比较，如比大小、轻重、软硬、长短、高矮、宽窄等，或者根据某种特征来排列物体并描述它们之间的关系，如哪一个最长、哪一个最短等）；数概念（比较数和量、用对应匹配的方式来比较两个数群的数量、点数物体和唱数）。

（5）理解时间和空间的关键经验：通过装拆物体、重新安排一组或一个物体在空间的位置，并观察由此而产生的空间位置的变化，从不同的空间角度观察事物和场景，体验和描述物体的相对空间位置，体验和描述物体与人的运动方向，体验和描述事物之间与地点之间的相对距离，体验和表征自己的身体，学习确定教室及周围环境中各种物体的位置，理解绘画和图片中所表征的空间关系，识别和描述各种形状等途径理解空间关系；通过制订计划和完成计划，描述和表征过去的事件，用语言推测将要发生的事件并为此做好适当的准备，按信号开始或停止一个动作，识别描述和表征事件的顺序，体验和描述不同的运动速度，在讲述过去和将来的事件时学习使用惯例的时间单位，比较时间的间隔，注意观察把钟表和日历当作时间消逝的标记，通过观察季节的变化等途径来理解时间关系。

3. 课程组织原则

在根据关键经验安排活动、帮助幼儿主动学习时，海伊斯科普课程严格遵循以下3个原则。

（1）从具体到抽象。让幼儿对真实、具体的物体进行操作、感知，当幼儿熟悉那些物体后，当这些事物不在眼前时也可以重现出来，因为对事物的具体操作是幼儿言语表征、非言语表征及逻辑思考能力发展的必要条件。

（2）从简单到复杂。儿童总是先进行简单的活动，在此基础上再进一步将动作复杂化。儿童的主动学习是简单的行动不断地组合、协调而变得复杂的过程。这些动作将逐步内化，从而构成头脑内部富有逻辑性的思考。

（3）从此时此地到彼时彼地。由于幼儿的空间、时间概念还没有完全形成，他们的学习应该从对周围事物的认识开始，否则就会感到难以接受与理解，进而失去学习的积极性与主动性。与此同时，对幼儿的教育应该从他们眼前的事物入手，然后视幼儿的发展情况逐步引入不在其眼前的事物，但又能够为幼儿所理解、掌握的事物。

4. 课程实施步骤

海伊斯科普课程的实施主要是由以下7个活动环节组成的。

（1）计划时间。教师给予儿童表达自己想法和计划的机会，让儿童做自己决定做的事，使其体验独立工作的感觉，以及与成人、同伴一起工作的快乐。简单来说，就是教师和幼儿一起决定每天活动做些什么。

（2）"工作时间"。"工作时间"在日常活动中时间最长，海伊斯科普课程所说的"工作时间"就是教学活动时间。在这一过程中，教师的身份应该是观察者、指导者、参与者与支持者。

（3）整理和打扫时间。幼儿将未完成的作品收好，整理其用过的材料、工具，并将它们放回原处。

（4）小组活动时间。幼儿运用教师选择、提供的材料进行活动。教师此时可以根据特定的关键经验来观察和评价幼儿。

（5）户外活动时间。幼儿和教师都积极参与户外活动，如跑步、投掷、荡秋千、攀爬、跳跃……此时的幼儿能对幼儿园环境及大自然进行更为直接的观察。

（6）集体活动时间。全体幼儿和教师聚集在一起唱歌、自编动作表演歌曲、演奏乐器、做运动、玩游戏，有时还讨论即将到来的一个特殊事件。

（7）回忆时间。幼儿通过多种多样的适应身心发展的方式来描述他们的学习活动的经验。可以通过讲述活动的过程，重温儿童在活动中所遇到的问题，以及通过绘画来表现活动中所做过的事情等。

5. 课程评价

海伊斯科普课程的课程评价主要根据其课程目标和内容，即关键经验来进行。关键经验不仅为教师观察儿童提供了一定的依据，同时也是教师进行评价的工具。在一日活动安排中，计划时间和小组活动时间都有发展特定关键经验的任务，教师根据这些特定的关键经验来进行观察并进行评价。这种过程性的评价是为了确定儿童的发展水平，而且这次评价将为下一次评价目标的确定提供参考，即作为下一项关键经验选择的基础。这种评价重视的是儿童的一般发展状况，而并不是强调个体的独特性。

（三）海伊斯科普课程的启示

海伊斯科普课程的主要特色就是区分细致的关键经验，并为这些关键经验的获得准备丰富的活动区域，如积木区、娃娃家区、美工区、木工区等。幼儿在教师的协助下，通过计划、操作、回忆来获得关键经验。虽然以我们国内现有的经济条件来说，很多幼儿园并不能提供太多的空间、材料及足够的师资来支持、协助幼儿诸多的关键经验获得，但是在思想上我们应认识到，幼儿的认知发展是一个十分庞杂的系统，诸多的关键经验会随着时代的发展变化有所增加。幼儿园应尽可能地为幼儿提供足够的活动空间和丰富的活动材料，以便让幼儿在有计划的活动过程中自我建构。有计划的活动步骤是支持幼儿有效发展的关键，活动安排应严格遵循认知发展规律，活动顺序要支持关键经验的获得并得到巩固。教师在幼儿的发展过程中是积极的支持者、协助者和引导者，应该与幼儿进行亲密的、积极的交流，不能只为教而教，不能越俎代庖，也不能放任自流。

六、凯米课程

凯米和德弗里斯的"衍自皮亚杰的课程试验方案"，简称凯米课程，是一种最为纯粹的坚持皮亚杰理论的课程方案。该课程的最大特色，就是运用皮亚杰的思想对各种传统的学前教育活动进行全面的、重新的考察与审视。虽然与其他皮亚杰的课程相比定型较晚，但它被认为是比较"纯粹"和"正统"的，也是唯一经皮亚杰本人所承认的课程模式。

凯米是美国伯明翰大学教育学教授，在日内瓦大学师从皮亚杰十多年。基于皮亚杰的认知发展理论，她发展了一套早期教育课程，尤其是在科学、数学领域颇有建树，并且根据自身理论开发了初级数学教育的方案。凯米的主要作品有《重新建构孩子的数学能力——皮亚杰理论在数学上的应用》《幼儿数的教育》等。

（一）凯米课程的理论来源

作为最纯粹的皮亚杰式课程，凯米课程主要接受了皮亚杰关于前运算阶段儿童的知识结构应该由自然的、社会的、数理逻辑的三方面经验组成的观点，建立起了一个分析各种活动的框架，对来自传统保育学校的活动和日常经验进行全面的、重新的审视，从皮亚杰理论的视角发现其中的教育价值。凯米指出，皮亚杰确认了知识的内部来源与外部来源，对于个体而言，物理性知识及社会性知识的来源有部分是外部的，而数理逻辑知识的来源则是内部的，是由个体内部建构的关系所组成的。凯米等人批驳了那些认为皮亚杰理论忽视儿童发展过程中社会性因素的观点，指出皮亚杰也非常重视社会交往对儿童发展的重要作用，如皮亚杰曾明确指出：与别人交换思想对儿童逻辑的发展及科学家建构科学概念都是不可或缺的。

在凯米的数学教育思想中，充分吸收了皮亚杰的这一观点，重视社会交往对儿童知识发展的重要性。凯米还吸收和发展了皮亚杰关于儿童知识获得的建构主义思想，认为儿童知识的获得是在儿童与环境相互作用的过程中由儿童自身内部建构出来的，其中儿童自身的反思、加工和建构显得尤其重要。

（二）凯米课程体系

1. 课程目标

凯米将课程目标分为最终目标、长期目标和近期目标三个层次。最终目标指向儿童的发展，凯米认为发展是获得高层次的认知和道德的唯一的方法。长期目标指向发展儿童的自律或自主性，即培养未来的具有批判性、创造性思维能力，不盲从既成的权威和价值的人。近期目标涉及两个方面：第一，认知方面包括让儿童具有主动学习、积极探索的态度；会发现并敢于提出各种问题，产生有趣的想法；注意并能发现事物间的关系和异同。第二，在社会性和情感方面，让儿童在人际关系环境中情绪安定；尊重他人的感情和权利，会协调自己与别人的看法（去中心化与合作）；独立、敏感、好奇，能运用创造性来满足自己的好奇心；自信地思考问题，并自信、完整地表达自己的思想。

2. 课程内容

凯米认为，皮亚杰理论的作用不在于提供直接的内容，而是提供一个选择、修改、补充和删减课程内容和形式的原则与框架。传统幼儿学校在选择课程内容时，大都凭借直觉进行判断和取舍，这很容易让幼儿陷入一种伪装的成人中心主义。而一旦有了一种卓有成效的、富有解释性和指导性的理论框架，课程内容的选择就会变得更加合理，更能符合儿童的发展需要。对此，他们根据皮亚杰关于前运算阶段儿童的知识结构应该由自然的、社会的、数理逻辑的三方面经验组成的观点，建立起了一个分析各种活动的框架，对来自传统保育学校的活动和日常经验重新进行全面的审视，从皮亚杰理论的视角发现其中的教育价值，并形成了凯米课程自己的内容体系。

（1）日常生活活动。凯米认为，在日常生活中有无数的情境可以激发幼儿的学习与发展，如在幼儿的进餐、散步、自由游戏中，都应有意识地、自然地进行施教。教师应该设法把握机会，鼓励幼儿期待、判断，并比较所期待的与实际出现的结果。

（2）传统活动。凯米课程吸收了许多幼儿教育中被验证的有教育价值的活动，并赋予其新的意义。凯米指出，集体游戏包括各种比赛、捉迷藏、猜谜语、合作游戏等，虽不是新东西，但其教育价值远不限于平时所见。在凯米看来，来自皮亚杰理论的洞察力，使我们能从新的角度利用传统活动来刺激儿童的发展。

（3）来自皮亚杰理论启示的活动。这类活动主要依据皮亚杰关于知识的分类及不同类型的知识的构造方法各异的理论；以发展幼儿的物理知识为主要目标的活动，是以幼儿自身动作为基础的活动；以发展幼儿的社会性知识为目标的活动，是一些团体游戏；以发展幼儿数理逻辑知识和能力为目标的活动，主要是分类活动及一些数学游戏活动。

3. 课程设计原则

凯米课程设计遵循三个原则：第一是能动性原则。凯米认为，知识的获得是一个能动的过程，儿童的学习必须成为儿童主动探索、自我思考、提问、比较、争论的过程，为儿童提供这样的机会，创造这样的气氛和环境是课程的根本原则。第二是充实性原则。凯米认为，课程的目的不在于超越阶段的加速发展，而是要针对儿童所处的发展阶段，在打牢发展的基础上下功夫，通过让儿童充分地"犯错误"来完善儿童前运算阶段的认知结构。第三是结构化原则。凯米认为，广义的知识是一个完整的结构，而不是单一技能的集合。结构化的知识经验可以帮助儿童更好地理解和处理新问题、新信息，同时进一步完善有关知识结构。

4. 课程的组织与实施

（1）独自操作的活动。在单独摆弄物体（主要是非结构性的材料，如稻草、玻璃球、木头等形状、质地、质量、大小、颜色等物理属性各异的东西）的过程当中，儿童通过观察自己的动作与物体变化（运动、位移、形状改变等）之间的关系，可以获得关于物体的性质、特点等物理知识，形成空间关系和逻辑因果关系的认识。

（2）群体讨论。讨论的目的在于培养儿童与组内其他儿童的"共同感"。通过设计儿童共同感兴趣的活动主题，教师发起讨论，研究活动的计划、执行与所需要的条件，从而让儿童通过积极的个人参与，分享集体的责任感并协调组内的各种观点，同时也在对活动所需物体的讨论中对物体的类、数进行逻辑建构。

（3）小组规则游戏。这种活动的主要作用是培养幼儿的规则意识，让幼儿理解并且自觉遵守规则，与此同时，学习在规则情境中的相互交往和相互理解，并对于符合规则要求的任何结果都感到满意。

（4）实验。凯米课程的实验，实际上就是一种有特定目的的物体操作活动或"工作"。儿童利用不同的物体，利用其在形状和数量上的关系，建构他预先想到的或在搭建过程中逐渐明确起来的形象。

（三）凯米课程的启示

凯米课程重视儿童的生活和活动，重视儿童的认知发展与社会性情绪发展的密切结合，重视课程内容与学习过程的统一，重视课程内容的结构化。对我们当前的学前教育来说，要充分认识到幼儿教育是与儿童的生活融合在一起的。是否有利于儿童形成和发展生活所必需的技能，是选择课程内容的一个重要标准。在课程实践过程中，应该大量使用团体游戏，让儿童在游戏交往中发展认知和社会情绪，这远比讲授和说教来得有效。认知发展是通过内容（具体的经验）和结构的相互依存而实现的，这两方面都不能被忽视。同时，知觉、语言、思维、情感、社会性发展所需要的经验是彼此联系的，各方面发展所需要的学习内容应形成一个统一的结构，这种统一的基础正是儿童的实际生活和活动。据此，我们应该为儿童提供涉及多个领域经验的综合性活动，让儿童通过多种多样的活动来积累经验，不断修正、完善内部图式。

第三章　学前教育与幼儿教师

在学前教育机构中，对 0~6 岁儿童进行教育的工作人员，被称为幼儿教师，即受社会的委托在托幼机构中对学前儿童的身心施加影响，从事保育和教育工作的教育工作者。幼儿教师是幼儿教育双边活动的一方，是整个教育活动的组织者和实施者，对幼儿身心发展影响极大。随着幼儿公共教育的逐渐普及，幼儿教师对幼儿的影响也越来越大，在幼儿身心的全面、和谐的发展过程中扮演着越来越重要的角色。

第一节　幼儿教师概述

不同时代，"教师"概念有着不同的内涵和外延，教师的功能、品质和素质等是随着社会的发展而逐渐发展的。

一、幼儿教师是教育者

幼儿教育机构是公共正规的教育组织，其中心任务就是教育、教导儿童。因此，幼儿教师的主要职责还是教育孩子。幼儿教师首先是一名教育者，因此要用教育者的标准严格要求幼儿教师。

（1）幼儿教师是物质环境的提供者和组织者。幼儿主要通过物质活动学习，幼儿教师是环境的布置者和管理者。为了让幼儿顺利地进行物质活动，幼儿教师必须提前制作玩具、教具，布置好室内外环境。

（2）幼儿教师是幼儿的细心观察者和记录员。幼儿都有自己的独特个性和丰富的内心世界，但他们不善于表达自己的思想、愿望。幼儿正处于迅速成长的年龄阶段，变化很快。因此，幼儿教师要做到"因材施教"，必须细心观察，通过自己的眼睛去发现孩子的点滴进步和不良倾向，给孩子及时的引导教育。

在引导儿童活动的过程中，幼儿教师要善于及时记录幼儿的表现和保留幼儿的作品，为儿童建立成长档案。这些观察和记录不仅是幼儿教师生成课程的依据，也是幼儿教师制订教育计划、与幼儿家长和社区交流的重要内容。无论是观察还是记录，都要以"儿童"为中心，围绕"儿童"展开。

（3）幼儿教师是幼儿的榜样和示范者。幼儿理解力较差，难以明白一些抽象的道理，这就要幼儿教师善于示范、表演，让幼儿具体地模仿学习。另外，幼儿好奇心强，喜欢模仿，也易受别人的暗示和感染。因此，幼儿教师要注意自己的一言一行，要为人师表，做幼儿的榜样。

（4）幼儿教师是幼儿学习的指导者。幼儿教师须依照教育目的，对幼儿施加具体、有效的学习指导，以促进幼儿身心健全地发展。幼儿教师应做幼儿学习的引路人和身心发展的指引者。蒙台梭利认为，幼儿教师的工作就是指导幼儿在活动中学习，依据孩子的成熟程度为孩子提供活动的环境及进行作业的教具。教师只能通过"工作"来培养和维持纪律，不能直接采取奖惩手段或向孩子们直接灌输。因此，蒙台梭利主张将"教师"的名称改为"指导者"。

幼儿教师的指导体现在方方面面：他可能提供新的玩教具，引导孩子注意新的对象，发现新的问题，找到更好地解决问题的办法，产生新的兴趣和探索的目标与动力；他可能用语言、动作、姿势、作品、玩具、环境等多种方式引导孩子的学习，成为幼儿学习的建构者和支持者。

（5）幼儿教师是问题的设计者和探索者。在幼儿教育中，幼儿教师必须要善于设计问题，用问题引导孩子的活动和思维，将孩子的活动引向深入，使孩子做进一步的思考。问题还可以使幼儿的身心活动不偏离幼儿教育的目标和计划，使幼儿的活动呈现在教师的预设之中。

幼儿教师应参与对各种问题的探索活动，与孩子一起提出问题，假设并验证问题，得出结论并检验问题的结论，使幼儿活动的过程成为有益的探索过程和经验的积累过程。

（6）幼儿教师是教室文化和教育活动气氛的营造者。幼儿教师不仅要创设良好的物质环境，还要与儿童一道营造良好的心理氛围，如团结友爱、积极上进、守纪律等。幼儿园班级的环境既要有秩序，又要自由和轻松，还要具备竞争与合作、独立、自尊、积极上进等特征。

（7）幼儿教师是公共关系的调节者。幼儿教师应该善于与幼儿、同事、家长、社区等方面的人员合作与交流。所有这些交流活动应以幼儿为中心和基点，因为儿童是大家联系和合作的原因所在。

二、幼儿教师是幼儿游戏的伙伴

游戏活动是幼儿的主要活动，也是幼儿教育的主要方法，其最大特点就是将课程的内容融合在婴幼儿自主的探索活动当中，让婴幼儿在游戏活动中主动地捕捉其中的文化信息，并产生相应的情感体验。在幼儿快乐的游戏中，幼儿教师是游戏材料的准备者、游戏情节的引导者和游戏中矛盾的协调人，但教师做得更多的还是扮演游戏中的角色。幼儿教师要同幼儿一起做游戏、一起扮演角色，在游戏中指导幼儿，使幼儿在无形之中接受教师的指导。因此，做孩子的游戏伙伴是幼儿教师很重要的职责。皮亚杰非常重视儿童的物质活动，主张教师做儿童游戏的伙伴。他认为，儿童是通过物质活动学习的，教师要创造条件，让孩子自我发展，帮助孩子成为"主动的探索者"。教师应主动与儿童合作，成为儿童游戏的伙伴。皮亚杰在论述儿童的道德发展时认为，由于成人与儿童的地位不平等，成人通过语言对儿童施加压力，就造成了儿童对成人的单方面的尊重以及道德的他律性。他认为，要促进儿童自主道德的发展，就必须有儿童之间的平行交往，以及成人与儿童的平等地位和合作。皮亚杰的儿童发展理论自始至终贯穿着一个思想，即教师要与儿童合作，要做儿童游戏的伙伴。

三、幼儿教师是幼儿的第二任父母

幼儿教育机构是幼儿所遇到的第一个社会性机构，可以说是幼儿迈向社会的第一站。幼儿由于缺乏生活经验，身心发展水平较低，对成人的依赖性还很强。当他们进入托幼机构以后，就会将对家长的依赖逐渐转移到教师身上，对家长的亲情也逐渐转移、扩展到教师。这就要求幼儿教师要善于满足孩子的这种需要，要做他们的亲人，成为他们尊敬和爱戴的长者。这有利于消除孩子离家后的焦虑与不安，使幼儿产生家的感觉。这样，孩子就能安心、愉快地在幼儿园之中生活和学习。

四、幼儿教师是幼儿的知心朋友

幼儿尽管是幼稚的个体，但也有其丰富的内心世界，也有许多悄悄话和小秘密。他们的社会性得到了初步的发展，产生了交友的愿望，形成了最基本的交友能力。这时，幼儿教师可以和幼儿交朋友，与幼儿建立起亲密的师生关系。幼儿教师可以走进幼儿的内心世界，关心和洞察他们的内心世界。幼儿也可以走进教师的生活里，与教师同喜同忧，学会观察和理解自己的教师。

苏霍姆林斯基认为，一位好教师必须热爱孩子，并能从与孩子的交往中寻找到乐趣。他应该善于和孩子们交朋友，感受他们的欢乐和痛苦，了解他们的内心，并不忘记自己过去也曾是个孩子。

因此，幼儿教师只有充当幼儿的教育者、游戏伙伴、知心朋友、第二任父母亲等重要角色，才能够在幼儿的生活和学习中承担多种职责，这将对幼儿的生活和学习、身体和心理的发展发挥全面而又深刻的影响。

五、幼儿教师是研究者和理论的建构者

幼儿教师能否履行以上提及的多种角色的任务，关键在于幼儿教师能否在工作的过程中反思与实践，从事行动研究，并将经验上升到理论的层面。在工作的过程中，幼儿教师对幼儿的研究，对课程、教学和游戏的研究，对幼儿家长和社区环境的研究，以及对自身教学行为的反思永无止境。幼儿教师应通过参与教科研活动，成为教科研活动中的一员。当然，幼儿教师的教科研活动与专业研究人员不同，幼儿教师更重视教研而不是科研，更

侧重行动研究和反思实践，服务于实践。幼儿教师的行动研究和理论建构活动是其专业成长的必不可少和比较现实的途径，这可以保证幼儿教师专业的可持续发展，也可以保持幼儿教育研究本身的生机和活力。

第二节　幼儿教师的劳动特点

幼儿教师作为教育者，其劳动与其他各级各类学校教师的劳动具有许多共同的特征，但是也存在不同的地方。

一、幼儿教师劳动的艰巨性

由于幼儿身心的幼稚性，幼儿教师不仅要承担教育任务，还要承担保育任务；不仅要负责幼儿的学习，还要负责幼儿的生活。幼儿教师所承担的保育职责是其他各级各类学校教师所无法比拟的。由于保教结合一肩挑，且孩子年幼依赖性大，幼儿教师的劳动比其他各级各类学校教师的劳动任务更繁重，更艰苦，责任更重大。

对幼儿身心安全和卫生的维护是幼儿教师日常工作中至关重要的一部分，也是幼儿教育活动的基础。目前，我国家庭的孩子人数普遍减少，独生子女增多，幼儿家长对孩子的重视程度和期望很高，对幼儿园的保教工作提出了更多和更高的要求。因此，幼儿教师身上的保育之责更重，保育工作更加烦琐、细致，教育工作也更注重个性化。

二、幼儿教师劳动的细致性

由于幼儿独立生活和学习的能力较差，幼儿教师几乎要对他们生活、学习中的每一件事都给予关心和帮助。从孩子早晨入园开始到孩子离园，对孩子一日生活的各个环节，幼儿教师几乎要事必躬亲。教师不仅要关心孩子的吃、喝、拉、撒、睡、穿和玩，还要关心孩子学习活动中的每一个环节。如游戏活动，幼儿教师通常要帮助孩子准备材料、分配角色、调解矛盾、展开游戏情节、评价游戏、收拾游戏材料等。在幼儿用餐时，教师要准备好饭菜，组织幼儿洗手、进餐，劝说孩子吃饱、不挑食、不掉饭菜，甚至要给孩子喂饭。总而言之，幼儿教师所做的工作非常细致、具体和琐碎，幼儿教师需要细心和耐心。

三、幼儿教师劳动的自主性

对幼儿教师约束的指导性文件主要有《幼儿园教育指导纲要（试行）》《幼儿园工作规程》《三岁前小儿教养大纲（草案）》《幼儿园教师专业标准（试行）》《幼儿园教师资格标准》《3~6岁儿童学习与发展指南》等。与中小学的教学大纲、教材等具体的约束相比，这些文件都不是具体的指令性文件，因此，幼儿教师有较大的自主权。幼儿教师可以自订教养目标，自选内容，自己组织安排各种活动。由于没有考试这一环节，加之孩子年幼，不会监督、评价教师的工作，因而整个监测机制没有其他教育机制那么严格。幼儿教师的工作在很大程度上取决于幼儿教师的独立自觉性，因此，幼儿教师的劳动具有较强的自主性。

四、幼儿教师劳动的创造性

幼儿教师劳动的创造性主要体现在以下两个方面。

（一）由幼儿本身的特点所决定

幼儿正处于人生长发育最快的时期，其身心变化极为迅速，可塑性强。幼儿教师要因材施教，就得有深刻的洞察力，要用敏锐的观察力不断地探究孩子的身心特征，把握孩子在每一段时间里的每一点变化。幼儿教师观察孩子的频率和速度，是从事其他年龄段教育的教师所不能及的。

（二）由幼儿教育特点所决定

具体表现为：一是由于幼儿不断地发展变化，幼儿教师的教育工作也要随之不断地加以调整，而且调整的速度要快，否则就跟不上孩子身心发展的步伐。幼儿期是幼儿身心变化最快的人生阶段，这就要求幼儿教师的工作要有较强的创造性和灵活性。二是由于幼儿分辨力差，自主性不强，容易受到环境的影响，好模仿，易受暗示和感染，幼儿教师要密切关注来自托幼机构、家庭和社会三方面的教育影响，既要利用和扩展其中的积极因素，又要及时控制甚至消除其中的不利因素。由于幼儿每天接触到的环境是不断变化的，幼儿教师要不断地调整来自环境的各种教育影响，这就提高了对幼儿教师工作的创造性的要求。三是幼儿教师拥有较大的教育自主权，幼儿教育具有较大的灵活性，这就要求幼儿教师要善于开拓创新，积极开动脑筋。四是幼儿教育具有很强的探索性和艺术性。幼儿教育强调幼儿在探索中学习，这要求幼儿教师应善于生成课程，实行弹性计划，依儿童而变，依环境而变，既要保证实现教育目标，又要满足儿童的兴趣和需要。这要求幼儿教师具有很强的观察力、判断力、操控环境和组织活动的能力。幼儿教育过程，实际上是师生共同探索、共同生成和发展课程的过程，具有高度的不确定性，从而增加了幼儿教师从教的难度。

五、幼儿教师劳动的示范性和感染性

幼儿教师的工作对象是 0~6 岁的儿童。这一年龄阶段的儿童好奇心强，好模仿，易受教师的感染和影响，对教师无限信任和尊重。这就要求幼儿教师要为人师表，需要格外注意自己一言一行的示范性和感染性。幼儿教师要用自己的工作向幼儿展示世界的真、善、美，用自己的工作证明自己的真、善、美，从而在幼儿面前树立起较为完美的职业形象。

六、幼儿教师劳动的整体性

首先，幼儿教师工作的任务是一个整体，那就是保教合一。其次，幼儿教师的工作过程也是一个整体，就是持续一天或半日的"带班"活动。另外，幼儿教师还得按总的工作任务安排自己的一日、一周、一月、一个学期、一个学年，乃至整个幼儿教育阶段的保教工作，并且要使各项保教工作相互配合、相互渗透，使保教工作中的每一环节相互联系，构成网络和层次，形成整体的工作流程，以便于实现保教工作的终极目标。

第三节　幼儿教师的职业素质

一、素质与教师素质

（一）素质

"素质"一词是现代心理学领域中的一个基本概念。作为一个专业性术语，"素质"最初的语义是指"事物的主要成分或质量"，即"事物本来的性质"。《现代汉语词典》对"素质"的解释："素质是事物本来的性质。"

狭义的素质是指"有机体天生具有的某些解剖和生理的特性，主要是神经系统、脑的特性以及感官和运动器官的特性，是能力发展的自然前提和基础"。《中国大百科全书——心理卷》指出："素质是能力的自然前提，人的神经系统以及感觉器官、运动器官的生理结构和功能特点，特别是脑的微观的特点，与能力的形成和发展有密切关系。"

广义的素质是指"完成某类活动所必需的基本条件"。马克思等人在论及社会劳动分工对人的体力、注意力的依赖时，论述了素质在人类生产劳动中的重要价值，揭示了劳动与素质的辩证关系，即劳动创造了人的素质，而人的素质促进了人类劳动向更高的水平迈进。因此，素质可被定义为：人在天赋异禀的基础上，通过环境和教育的影响所形成和发展起来的相对稳定的素养和品质。它是知识和技能的升华，既包括可以开发的人的身心潜能，又包括社会发展的物质文明和精神文明成果在人的身心结构中的积淀，既可指个体素质，又可指群体素质。

（二）教师素质

教师素质的定义有很多，而较为认可的教师素质定义主要有以下两种。

（1）教师素质是教师稳固的职业品质，它是以人的先天禀赋为重要基础，通过科学教育和自我提高而形成的具有一定时代特点的思想、知识、能力等方面的身心特征和职业培养。

（2）教师素质是指教师履行职责，完成教育教学任务所必备的各种素质的要求及各种素养有机结合在一起的能力。

林崇德、申继亮等人关于教师素质构成的研究认为，要给教师素质下一个全面而科学的定义，必须经过实证研究，从不同侧面深入了解教师教育教学工作的真实含义。他们认为，科学的教师素质的定义应具备如下六个要求：第一，要切实体现教师这一职业的特殊性，反映教师的独特的本质；第二，对于教师素质的理解，要有深刻的理论背景，不能由研究者凭空设计；第三，教学活动是教师工作的中心任务，教师素质的定义必须着眼于教学活动本身；第四，反对元素主义的教师素质观，应将教师素质看成一个系统的结构，其内部包含着繁杂的成分；第五，教师的素质是结构和过程的统一，动态性是其精髓；第六，教师素质的定义既能为教育实践和教育培训工作提供理论指导，又具有可操作性。

根据林崇德等人的观点，教师素质是教师在教育教学活动中表现出来的，决定其教育教学效果、对学生身心发展具有直接和间接影响的生理和心理品质的总和。它是教师稳固的职业品质，通过科学教育和自我提高而形成的具有一定时代特征的思想、知识、能力等方面的身心特点和职业修养。它不但指教师所具有的教育理念、专业知识和育人能力，还包括教师的职业道德和作为教师在人格方面的特征。因此，教师素质是指教师依据教育目标顺利完成教育任务，所应该具有的思想政治、道德、文化知识、身心等一系列基本品质。

教师素质是一个不断发展的概念。随着时代的发展和教育的革新，社会对于教师素质的要求也在不断提高。尽管幼儿教师面对的是幼儿，但不能因此而降低对幼儿教师的素质要求；与之相反，幼儿教师工作的创造性和艺术性，对幼儿教师的素质提出了更加全面的要求。

二、幼儿教师具备的素质

（一）品德素质

1. 热爱幼儿教育事业

爱是行为的内驱力。幼儿教师只有热爱幼儿教育事业，才会全身心地投入幼儿教育工作中去。

对工作的热爱，源于对工作意义的深刻理解。幼儿教师要把自己对这一职业的选择看作是对整个幼儿教育事业的选择，要把自己的工作看作为社会服务的具体方式。幼儿教师只有将个人的工作与社会、国家的发展联系起来，与人类的幸福联系起来，才能对幼儿教育工作产生深厚而又持久的爱。幼儿教师对本职业的热爱，应体现在平时的一点一滴的工作之中，体现在高度的责任心以及为了工作而不懈提高自身素质的努力之中。

2. 热爱幼儿

如果幼儿教师能够深刻地理解自己劳动的社会意义，对幼儿教育事业充满爱，那么他就能够对幼儿产生强烈的爱，而对幼儿的热爱，是推动幼儿教师无私地为幼儿服务，并能有所作为的内在精神动力。

幼儿教师对幼儿的爱是一种具体的教育力量，能为幼儿创造安全、信任、和谐的教育氛围，能感化幼儿，使幼儿主动配合教师的工作，发扬积极因素，克服消极因素，不断地进步。

幼儿教师对幼儿的爱，不同于家长和一般人对孩子的爱。幼儿教师对幼儿的爱，是一种博大的、理智的、社会的爱，是一种责任。因此，幼儿教师没有理由偏爱孩子，也没有理由歧视、侮辱孩子。幼儿教师对幼儿的爱伴随着对幼儿的严格、合理的要求，是一种富有教育意义的爱。

3. 尊重集体和团结家长

幼儿教师集体，是一个由教养幼儿的共同任务而联系起来的复杂群体。幼儿教师的年龄、经验、兴趣、爱好、教育观都有较大的差别。每位幼儿教师应遵循一定的集体道德，为共同的目标而努力工作。每位幼儿教师应该尊重、团结自己的同事，热情关心和帮助同事，维护和提高同事在幼儿心目中的地位，虚心接受同事的合理建议，自觉与同事形成一致的教育观念，并在具体的保教活动中，与同事保持教育的一致性。

幼儿教育工作离不开幼儿家长的支持和配合，因此，幼儿教师要注意尊重和团结幼儿家长。幼儿教师要尊重幼儿家长对其子女的爱心和责任，虚心接受幼儿家长提出的合理建议，与家长平等相处、相互支持。

（二）基本文化素质

为了做好幼儿教育工作，幼儿教师必须具备如下的文化素养。

1. 广博的文化基础知识

托幼机构一般不设分科的教学任务，每位教师通常要承担幼儿的语言、科学、艺术、健康、社会等多方面的教养任务。为了促进幼儿身心全面、和谐的发展，幼儿教师须具备较为广博的文化科学知识。另外，幼儿对世界充满了好奇，幼儿的提问往往涉及动物、植物、天文、地理、文学等各个领域，涉及自然和社会的许多方面。这也要求幼儿教师要有广博的文化基础知识，并且要根据社会和科技的发展，不断地更新自己的知识，完善自己的知识结构。

2. 扎实的幼儿教育理论基础

幼儿教师要想做好自己的教育工作，首先必须了解幼儿具备一定的幼儿卫生学、心理学方面的知识；其次要善于运用教育规律，学习幼儿教育学、幼儿教育心理学、幼儿教育评价学等学科的知识；最后要发挥幼儿家庭和社区的教育力量，懂得教育社会学、教育文化学等方面的知识。托幼机构中艺术、健康活动频繁，这使得幼儿教师还须具备音乐、体育、美工、舞蹈等方面的知识。

（三）教育技能素质

为了有效地教养孩子，幼儿教师还须具备多方面的教育教学技能。

1. 观察与评估的能力

观察和了解孩子是教育过程的开端，是教育活动的第一步。幼儿教师只有深入地观察孩子、了解孩子，才能做到有的放矢。幼儿教师不仅要学会发现全班孩子的共性，还要善于挖掘孩子的优点，要能在优秀孩子身上找到不足，在后进的孩子身上发掘闪光点。总而言之，幼儿教师要能从孩子的言行中洞察出他们的心理活动，找出他们发展的倾向和动态变化的规律，以便于进行有针对性的教育。

2. 组织能力

托幼机构的活动是丰富多彩的，既有生活活动，又有学习活动和游戏活动；既有集体活动，又有小组与个人活动；既有室内活动，又有室外活动……所有这些，都要求幼儿教师具备一定的组织能力。幼儿教师要善于依据幼儿保教目标和本班孩子的身心特点，制订教学计划，妥善安排本班的保教活动，促使孩子在生动、有趣的活动中得到全面发展。

3. 创设与利用环境的能力

环境是指对幼儿产生影响的各种物的因素与人的因素的总和。幼儿教师要善于发动幼儿参与环境的建设，充分利用已有的空间和设施，创造性地使用废旧材料和自然材料，为幼儿创设活化的物质环境。幼儿教师还要善于与幼儿建立和谐的师生关系，调解幼儿之间的矛盾，创造良好的班风和心理氛围，为幼儿身心的健康成长创设一个良好的心理环境。

4. 与幼儿交往的能力

幼儿教师在与幼儿互动的过程中，要善于站在孩子的立场上分析问题，能与孩子平等交往、友好合作，要善于消除师幼间的隔阂，与孩子们谈心。在与孩子交往的同时，教师要善于运用自己的身体语言和口语表达自己的思想感情。幼儿教师的语言应生动形象、浅显易懂、亲切自然，并以积极的肯定性语言为主。幼儿教师是幼儿重要的信息来源，是幼儿重要的游戏伙伴，因此，善于与幼儿合作和交流、给幼儿恰当的引导是幼儿教师必备的教育技能。

5. 开展家长工作与社区工作的能力

幼儿教师要善于以保教目标为中心，深入地去了解幼儿家庭的实际生活情况，并利用多种手段与幼儿家长取得联系，提高幼儿家长的教育意识和能力，实行家园合作，共同促进孩子的身心发展。

幼儿教师还应善于摸清本社区的自然和社会情况，充分利用社区的一切自然条件和社会环境，努力争取社会人员的理解和帮助，为幼儿教育创建良好的社会环境。

6.自我发展的能力

随着社会的发展，对幼儿教师的素质要求也在不断变化。要跟上时代的步伐，幼儿教师必须具备自我发展的能力，树立终身学习的理念。幼儿教师，一方面要善于从书本、网络中学习，继续参加教育活动，努力提高自身对间接知识的学习能力；另一方面要善于从实践中学习和向同行学习，不断总结工作经验和教训，虚心接受别人的合理建议，努力提升自己的工作能力。

（四）个性心理素质

为了培养幼儿良好的个性心理品质，幼儿教师必须以身作则，具备优良的个性心理素质。幼儿教师还应理智、刚毅、进取、灵敏、乐观、热情、勤勉、自尊、自主，并具备广泛的兴趣。

（五）身体素质

保教幼儿的工作极其繁重复杂，幼儿教师一天到晚与孩子生活在一起，要全面保教孩子。因此，幼儿教师必须要具备较好的身体素质。幼儿教师应体貌端正，体态灵活，精力旺盛，身体健康。

总而言之，幼儿教师尽管不必像其他类型教师那样具备某一专业的系统的知识，但其知识面必须更广，教育技能必须更强，身心素质必须更加全面。

第四节　幼儿园教师应秉持的基本理念

理念是左右人们态度、行为的一种无形而强大的观念力量。作为担负着培养幼儿这一特殊工作的幼儿园教师，作为身处价值观日益多元化的社会中的教育工作者，不可以没有正确理念的指引。随着我国社会"以人为本"的科学发展观日益深入人心，我国基础教育的观念与实践与时俱进地发生着重大而深刻的变化，幼儿教育正在向着更加人本化、专业化、规范化的方向发展，幼儿园教师的基本理念也随之不断地丰富与更新。

一、幼儿为本

"幼儿为本"是"以人为本"的科学发展观在幼儿教育上的具体体现，是幼儿教育本质的重要内涵，也是幼儿园教师应秉持的核心理念。《国家中长期教育改革和发展规划纲要（2010—2020年）》（以下简称《规划纲要》）提出："把促进学生健康成长作为学校一切工作的出发点和落脚点。"对幼儿教育而言，把促进幼儿健康成长作为一切工作的出发点和落脚点即"幼儿为本"的基本含义。

（一）关于"幼儿为本"理念

1. "幼儿为本"的教育价值观

"幼儿为本"是一个表达教育价值观的概念，即"幼儿本位"之意，是相对于"社会本位"和"成人本位"而言的。

《幼儿园教师专业标准（试行）》倡导"幼儿为本"的价值理念。"本"可解释为基础、主体、根本、本原、本质、出发点、目的等。故"幼儿为本"可具有多层含义，比如：幼儿的存在是幼儿教育的第一要素，是幼儿教育最基本的构成；幼儿是幼儿教育的主体和核心，必须尊重幼儿的主体地位；幼儿教育的一切工作必须以促进每一位幼儿的全面发展为出发点和归宿等。总而言之，珍惜幼儿的生命，尊重幼儿的价值，满足幼儿的需要，维护幼儿的权利，促进每一位幼儿的全面发展等，乃是幼儿教育的本质、原点、最根本的价值所在，皆为"幼儿为本"的核心内涵。

一般情况来说，幼儿园教育具有两大价值：一是促进社会发展的价值，即幼儿教育外在的工具价值，如促进民族的发展，传递和发展文化、科学，为经济建设培养人才等；二是促进幼儿身心和谐、全面地发展的价值，即幼儿教育的内在价值。幼儿教育的价值取向是侧重社会需求还是优先考虑幼儿的发展，社会和幼儿在教育中究竟孰轻孰重，教育目标是培养为社会服务的"人力"还是培养富有个性的"人"，都是热点的争议问题。众多观点归结起来大致可分为两派，即"社会本位论"和"幼儿本位论"。前者认为教育的目标应由社会的需要决定，后者则认为应由幼儿的需要决定。两者由于立足点不同，在教育上会出现明显的分歧。不过，幼儿教育的"幼儿本位"和"社会本位"两大价值取向不一定是对立的。我们倡导"幼儿为本"，却未必把两者看作是有你无我或有我无你的关系。事实上，两大价值的功能实现往往具有同时性和不可分割性。马克思主义关于人的全面发展学说指出，社会发展与人自身的发展是辩证统一的，教育价值取向可以在这种辩证统一的关系中找到最恰当的表达方式。正如《规划纲要》对我国教育价值取向的表述那样："教育是民族振兴、社会进步的基石，是提高国民素质，促进人的全面发展的根本途径""坚持以人为本，遵循教育规律，面向社会需求"。在这里，社会需要和人的发展需要是统合的，是融合在一起的，而我国幼儿教育的价值观也是如此。我们倡导"幼儿为本"，培养身心协调、全面发展的幼儿，这既体现出了幼儿教育的人本取向，又是幼儿教育自身社会价值的表现。也就是说，幼儿教育的工具价值与内在价值完全可以统一在让幼儿获得与社会要求相适应的全面和谐的发展中。

如果说，"幼儿本位"与"社会本位"主要是在比较宏观的教育目标层次上关注教育与社会的协调问题，对幼儿发展需求的体现还比较抽象，与幼儿教师的个人理念和行为似乎还有距离感的话，那在具体培养幼儿的幼儿园教育活动层次上，当幼儿发展的需求成为教育目标主要考虑的对象时，"幼儿本位"与"成人本位"的理念就会明显地反映在教师个人的教育认识与行为上。在幼儿教育层次，来自各种社会思潮、传统观念的影响主要通过两个途径折射到幼儿园：一是家长，二是园长或教师。家长在送孩子到幼儿园时，自觉地或盲目地、有意地或无意地都有自己追求的目标，而这些目标比较容易被社会上流行的、时髦的、有近期效果的目标所左右，如培养神童、培养某种特殊技能、进入重点小学等。于是，家长作为一个对幼儿园最有影响的社会群体就可能成为"幼儿为本"教育实施的强大干扰力量。另外，在复杂的社会环境中生活的教师也经受着各种社会思潮的冲击并承受着来自社会、家长的压力。教师如果自身的教育价值观、教育水平、职业道德等不过硬的话，就很可能偏离甚至背离"幼儿为本"的教育理念，去迎合那些看来"受欢迎"的、能为幼儿园赢得眼前声誉或财源的现实目标。因此，学者陈桂生认为："真实的教育目的存在于千百万教育过程中当事人的教育行为之中。"

2."幼儿为本"理念的确立是我国社会进步的产物

"幼儿为本"理念的提出在我国幼儿教育的发展史上是有深远意义的，这是我国社会进步的硕果。尽管社会价值和幼儿发展价值都是幼儿教育的属性，但是在不同历史时期，因社会发展状况不同，教育在适应社会需求和满足儿童个体需求上不一定是平衡均等的，两者的侧重会有所变化。一般情况来说，在社会动荡、战乱频繁的时代，当巩固政权是社会的中心任务时，教育会明显侧重于社会政治的实际需求，而难以顾及每一位儿童的理想发展；当经济建设是社会的中心任务时，教育目标会侧重于"人力"生产以体现教育的经济价值，个体发展目标则被包含在为社会培养"人力"的目标中加以体现；在社会物资生产、社会文明与民主化程度达到相当高度时，教育目标中的社会需求会趋于隐蔽、间接，儿童个体全面发展的目标才会变得鲜明突出，成为关注的焦点。改革开放40多年来，我国社会发生了翻天覆地的变化。2003年党中央提出了"以人为本"，并将之作为科学发展观的核心和执政的重要理念，这是我国社会发展中具有里程碑意义的大事。这一社会进步的大背景决定了社会价值观的总格局，从而促使我国基础教育进入"为了每一位学生的发展"的新时代；"幼儿为本"也作为"以人为本"理念的具体化，与时俱进地成为我国幼儿教育的理念基石。可以说，没有社会的进步就不会有幼教理念的本质性更新。每一位幼儿园教师都应敏锐地意识到社会进步及其相随而至的观念变革，并且以一种理性的态度去面对，不断提升自己对教育、对幼儿的理解与认识。

（二）"幼儿为本"理念的教育行为准则

"幼儿为本"理念就是："尊重幼儿权益，以幼儿为主体，充分调动和发挥幼儿的主动性；遵循幼儿身心发展特点和保教活动规律，提供适合的教育，保障幼儿快乐健康成长。"可以说，这是理念在幼教实践中的具体化，是幼儿园教师践行"幼儿为本"理念的行为准则。

1. 尊重幼儿作为"人"的尊严与权利

"幼儿为本",其第一要义是尊重幼儿的权利,幼儿作为独立的"人"拥有自己的基本权利。1989 年 11 月 20 日联合国大会一致通过了《儿童权利公约》(以下简称《公约》),《公约》强调儿童应该与成人平等共享相同的价值,平等共享相同的权利,童年时光并不只是为进入成人生活接受训练和做准备的时期,而更是作为人享受独特的童年生活的时期。《公约》确立了保护儿童权利的 4 项基本指导原则,分别概括为儿童最大利益原则、尊重儿童意见的原则、确保儿童的生存与发展的原则和非歧视原则。《公约》中确定了儿童的 4 大权利:生存权、发展权、受保护权和参与权。遵循《公约》的精神,热爱幼儿,尊重幼儿人格,维护幼儿合法权益,理解、尊重并保障幼儿参与与自身有关的一切活动并发表自己意见的权利,让每一位幼儿愉快地、有尊严地度过童年生活,应当成为每一位幼儿园教师的坚定信念。

《幼儿园教育指导纲要(试行)》明确指出:"幼儿园教育应尊重幼儿的人格和权利。"作为独立的"人",幼儿具有人格尊严,他们不是成人的附庸,不是成人可以随心所欲支配的道具,不是成人为实现自己的想法或需要而任意训练、拿捏的对象;幼儿有自己的精神世界,有自己的对周围世界、对他人、对自己的各种认识与理解,而不是一个只能接受成人灌输的空容器;幼儿有作为"人"的主体性,主动参与自己的生活与活动并自由地表达意见与思想,是幼儿主体性的有意义的、有成长价值的展现。成人有义务、有责任认真地倾听、认真地看待,为幼儿创造更多参与社会活动的机会,以关怀、接纳、平等的态度与幼儿"对话",而不是只让他们"听话"。幼儿教师应当认识到,在"幼儿为本"理念下进行的教育与"成人本位"教育最根本的区别在于:教育是帮助幼儿最终成长为成熟的、有责任感的、能正确地行使自己权利的合格社会公民,而不是把他们变成成人的奴隶或附属品。

还需要指出的是,保障幼儿的人格尊严与权利是无条件的,不受其出生地、阶层、民族、经济状况、宗教、长相、能力、残疾等任何因素的影响。这也就是说,无论幼儿是来自农村还是城市,无论他们是贫穷还是富贵、是聪明还是智力落后,都有权利享受同等的关爱、接受平等的教育,应受到一视同仁的对待。如蒙台梭利在《童年的秘密》中所指出的那样:"忽视和忘却儿童的权利,折磨和践踏儿童,无视儿童的价值、权利和本性,应该引起全人类最强烈的反对。"

2. 尊重幼儿期的独特性和价值

幼儿不同于成人,蒙台梭利曾经从生理学、心理学、社会学和教育学的角度为我们深刻地揭示了童年的秘密。幼儿的独特性表现在其生理、心理、行为方式、学习方式以及文化生活等各方面。"幼儿期是充满想象和创造并具有巨大发展潜能的时期,是以游戏为主要方式来探究、理解、体验周围世界,建构自己的经验、知识和同伴文化的时期"(《教师教育课程标准》),是与其他生命阶段不同的一个不可替代的时期,是需要呵护和保卫的极有价值的时期。早在古希腊时期，柏拉图在《理想国》中论及游戏时就说："儿童的游戏及竞技，凡是由他们自己所想出来的，不要去改变他们。"直至今日，世界幼儿教育的主流仍然是沿着这一尊重儿童的方向发展。OECD（世界经济合作与发展组织）于2001年发刊的关于保教制度的调查报告书中，简洁地概括了现在幼儿教育的两种指导思想：一是在全球化经济的激烈竞争中，幼儿被作为未来的劳动力看待。从这一立场出发，幼儿教育作为"入学的准备"而变得重要，早期教育的成果也自然由其对"学业的成功"是否有用来决定。报告书还明确地指出，当这种倾向处于强势的时候，"学校教育课题的推进力变得很大，即要求幼儿期里必须教授读写算等特定技能和知识，而对在幼儿期应当掌握的其他课题会发生轻视的危险"。与此相对的另一种指导思想是，不仅看到幼儿时代作为未来准备期的重要性，还认为"幼儿时代，作为人生的一个阶段，是一个其本身就拥有极高价值的时代。对幼儿来说，自由的时间、独立的文化和游戏都是有决定性意义的重要东西……幼儿能够基于自己的思考、自己的兴趣而生活，让幼儿自始至终保持那种意义的生活是保育者必须牢记在心的追求，保教机构的管理运营必须秉此进行"。OECD的报告书旗帜鲜明地支持后者，并将之在全世界倡导。

日本著名的幼儿教育家仓桥惣三先生说："保育的目的不仅是考虑如何实施与幼儿能力相适应的教育，更是让幼儿过真正幼儿那样的生活，让这种生活形态成为幼儿园的真实状态，成为幼儿园的实际状况。"这也就是说，让幼儿像幼儿那样生活是幼儿教育的原点。幼儿的生活不是为成人而过的，也不是像成人那样过的，"重要的是幼儿自身展开主体性生活，并在其中获得幼儿期必要的经验与体验"（岸井勇雄）。尊重幼儿的独特性，尊重幼儿生活的独特价值，这才是"幼儿为本"的幼儿教育。

3. 尊重幼儿的特点与保教规律

我国《幼儿园教育指导纲要（试行）》明确指出："尊重幼儿身心发展的规律和学习特点，以游戏为基本活动，保教并重，关注个别差异，促进每位幼儿富有个性的发展。"幼儿教师必须理解幼儿的学习与发展规律是不以成人意志为转移的，成人应当怀着敬畏之心不断地去进行探索、发现、遵循这些规律，通过创设良好的教育环境，让幼儿能够在游戏中、在愉快的童年生活中健康成长。

关注差异、尊重差异，尤其体现着教师对每一位幼儿学习权利的尊重，对每一位幼儿有尊严地生活的权利的尊重，对幼儿发展多样性的尊重，对幼儿独特个性的尊重。尊重个性可以说是"以人为本"教育的一个重要特征。如德国哲学家卡西尔在《人论》一书中所说的那样："动物社会中有许多行为不仅与人的行为不相上下，而且在某些方面还高于人。如蜜蜂筑巢时就像一个出色的几何学家那样，达到了最高的准确性、精确性。但是在这些动物行为中却看不到任何个体的差别，他们全都以相同的方式并根据同一不变的规律进行，没有任何个体选择的自由和发挥个体能力的自由。只有动物的较高级阶段才能看到某种个体化的最初痕迹。"由此可见，幼儿教师应充分关注幼儿在经验、能力、兴趣、学习特点等方面的个体差异，主动了解和满足有益于幼儿身心发展的不同需求，为每一位幼儿提供发挥潜能、在已有水平上得到进一步发展的机会和条件，这是践行"幼儿为本"理念的重要环节。

4.促进每一位幼儿生动、活泼、主动、全面的发展

使受教育者在德、智、体诸方面都得到发展是我国教育的根本目的，也是教育的根本原则。不能促进每一位幼儿实实在在地得到全面发展的幼儿教育，绝不是"幼儿为本"的教育。《规划纲要》指出："树立科学的质量观，把促进人的全面发展、适应社会需要作为衡量教育质量的根本标准。"幼儿教师应当建立这样的信念：每一位幼儿都有获得全面发展的潜力，帮助每一位幼儿实现全面发展是幼儿教师的神圣责任。只有基于这样的信念，才可能把"幼儿为本"真正落到实处。"幼儿为本"的教育以公平性、整体性、协调性、个性化为特征。教育公平是社会公平的重要基础，教育公平的关键是机会公平，其基本要求是保障每一位幼儿享有平等的受教育权利。发展的整体性，即幼儿各方面的发展，如身体的、认知的、语言的、社会性的、情感的等方面的发展，尽管各有其规律和特点，却不是彼此割裂的，各方面的发展须相互联系、相互作用，共同构成幼儿个体的整体特征，共同决定这一整体特征的发展质量。发展的协调性不仅指德、智、体、美诸方面的发展均衡协调，不仅是某方面孤立突进或某方面偏废，还包括幼儿个体的发展需要与社会协调，个体的身体机能（身体各系统的发育、动作的发展等）、心理机能（认知、情感、性格、社会性、语言等）以及身心机能的交互作用等方面的协调。发展的个性化，则是教育除让每一位幼儿达到基本标准的全面发展之外，还能让他们按其自身的特点和可能性去实现与众不同的发展，成为具有健康、个性的人，而不是用一个绝对的、划一的标准去要求所有的幼儿。

（三）对"幼儿为本"理念认识的几个误区

1. "幼儿为本"还能对幼儿提出教育要求吗

在强调幼儿是教育的中心，教育从幼儿出发时，有的教师就产生了上述疑问，似乎对幼儿提出要求就是"成人为本"的表现。还有的教师甚至一看到教育目标或活动目标的表述使用了"培养幼儿……""让幼儿……"的字句，就认为是"成人为本"，是以"教"为中心，只有用以幼儿为主语的句子才表示"幼儿为本"。这种认识是对"幼儿为本"的误解。

"幼儿为本"的理念是表示教育以幼儿为出发点和落脚点，但是这并不等于幼儿教育不需要目标或者没有目标。教育目标是构成教育实践活动的第一要素和前提，没有目标的教育活动是不存在的。我国幼儿园教育目标——"对幼儿实施体、智、德、美诸方面全面发展的教育，促进其身心和谐发展"（《幼儿园工作规程》），这既是表达国家、社会对幼儿发展的要求，同时又是结合幼儿的年龄特征制定的。社会的要求和幼儿身心发展的规律是确定幼儿园教育目标的主要依据，体现出社会需要与幼儿发展可能性的科学结合，使

幼儿教育有目的地培养幼儿适应社会的需要，同时健康、和谐地得到发展。

幼儿园课程或者活动目标是幼儿园教育目标的下位，更具体、更能够贴近幼儿的实际需要，没有目标的幼儿园课程或者活动是不存在的。不能说有目标就不是"幼儿为本"，也不是看目标中"幼儿"是句子中的主语还是宾语，这只是目标表述方式的不同，与实际展开的教育活动遵循何种理念没有必然的联系。活动是否是以"幼儿为本"，关键要看活动目标是否从幼儿出发、适合幼儿的兴趣和发展需要，是否能够根据幼儿的情况进行变化和调整；与此同时，在教育活动的展开中，教师开展活动的方式、教育行为、指导方法等是否符合幼儿的实际，按照幼儿身心发展的规律和学习特点进行，是否遵循幼儿教育的规律，有效地促进每一位幼儿的发展等。

2. "幼儿为本"，幼儿园教育就是满足幼儿的兴趣

幼儿园教育必须尊重幼儿的兴趣和需要，这是没有疑义的。但是，如果认为满足幼儿兴趣就是教育的终极目标，那就是片面的认识了。

首先，从教育的宏观角度来看，幼儿的兴趣、需要只是目标的来源之一，而社会的要求也是目标的制约因素之一。如同教育的社会制约性是不以人的意志为转移一样，教育目标要摆脱社会的制约也是不可能的。忽视目标中的任何一方都会破坏幼儿园教育目标的可行性、科学性。因此，不能说幼儿园教育只是为了满足幼儿的兴趣、需要。当然，仅仅只是强调社会要求也是片面的，因为那样不仅让幼儿得不到发展，被强调的社会一方也不可能得到预期的满足。过去我们在这方面犯过很多错误，忽视幼儿身心发展的特征和规律，违反教育的科学规律，教训是深刻的。但是，这绝不意味着教育可以完全不考虑社会的需求，仅仅追随儿童的兴趣和需要（实际上，儿童的兴趣和需要也不是超社会的）。

从微观层面来看，在幼儿园课程的具体教育活动中，幼儿的兴趣和需要作为个体态度的重要成分，作为其学习的内部动机的重要成分之一，则是教育必须首先考虑的。当幼儿的需求和发展已经成为课程的中心指向时，这不仅因为幼儿的兴趣能有利于教育活动的有效进行（这是过去目标模式中重视兴趣的最主要的出发点），更重要的是，这是对幼儿人格、权利的尊重，对幼儿主体性、个性的尊重。兴趣和需要的发展是幼儿自身发展的需要，是其现实发展的重要部分。可以说，忽视幼儿兴趣和需要的教育不是"幼儿为本"的教育，任何发展性教育都是建立在高度重视幼儿的兴趣、需要的基础上的。

但是，满足幼儿的兴趣和需要本身并不是幼儿园教育的终极目标，而只是实现终极目标所必需的。杜威说："兴趣只是能力的信号。"幼儿园教育的目标是让幼儿获得体、智、德、美诸方面全面、和谐的发展，而不仅仅只是限于他们兴趣、需要的满足。另外，幼儿的兴趣和学习是互为因果的，不应视兴趣为活动的绝对的先决条件。美国教育心理学家奥苏贝尔指出，"动机与学习之间的关系绝非一种单向性的关系"。这就是说，教育不仅要激活幼儿原有的兴趣，也要不断培养新的兴趣，因为毕竟幼儿不可能认识到所有适合他发展的有价值的东西。在有些情况下，有效的教育能以富有吸引力的成果让幼儿尝到甜头，从而产生对新对象的学习兴趣，有了兴趣之后又反过来促进进一步的学习。因此，扩展、

引导幼儿兴趣的发展是同样重要的，一味地等待幼儿的兴趣产生是消极的。正因此，确保幼儿园教育环境的多样性、选择性，确保幼儿在课程中的自由活动，特别是自由游戏，就显得十分重要了。

二、师德为先

师德是幼儿园教师最基本、最重要的职业准则和规范，每一位教师都必须秉持"师德为先"的理念，这就要求幼儿教师"热爱学前教育事业，具有职业理想，践行社会主义核心价值体系，履行教师职业道德规范。关爱幼儿，尊重幼儿人格，富有爱心、责任心、耐心和细心；为人师表，教书育人，自尊自律，做幼儿健康成长的启蒙者和引路人"。

（一）师德是幼儿园教师最基本、最重要的职业准则和规范

师德，即教师的职业道德，是教师在教育教学工作中必须遵循的各种行为准则和道德规范的总和。"师德为先"，即教师在开展教育教学活动、履行教书育人职责的过程中，将师德放在首位。幼儿园教师职业劳动的特点，决定了必须要把师德放在一切工作的首要位置。师德是幼儿园教师最基本、最重要的职业准则和规范。

幼儿园教师职业劳动的对象是学龄前儿童，是处于身体、智力、情感和道德发展关键时期的幼儿。该时期的幼儿，个体的身心发展具有多重矛盾性和特殊性，这决定了幼儿教师职业是一个非常复杂、对教师素质要求很高的职业。而在众多的教师素质中，师德毫无疑问是最为重要的素质，具有引领性作用。只有具备了高尚的师德，把师德放在首位，才能在面对复杂的幼儿教育活动时，充分履行教书育人的职责。

处于发展关键期的幼儿，可塑性大，模仿性强，他们总是把教师作为自己亲近与模仿的对象。因此，教师的一言一行、一举一动都会对幼儿产生潜移默化的作用。在某种程度上，甚至可以说幼儿教师的道德水平决定着幼儿的道德水平。这就要求幼儿园教师一定要做到严于律己、以身作则，为幼儿提供一个可以信任、言行一致的楷模，时时处处给幼儿以楷模的影响，发挥示范作用，做到以德育人。

幼儿园教师职业劳动的特殊性，尤其是劳动对象的特殊性，决定了师德必须为先。幼儿园教师作为该职业的从业者，必须要严格遵守该职业准则和规范，把师德放在教育教学工作的首要位置。

（二）热爱学前教育事业，具有职业理想，履行职业道德，努力践行社会主义核心价值体系是师德的核心

1993 年颁布的《中华人民共和国教师法》第三条规定："教师是履行教育教学职责的专业人员，承担教书育人，培养社会主义事业建设者和接班人、提高民族素质的使命。教师应当忠诚于人民的教育事业。"没有责任就办不好教育，没有感情就做不好教育工作，因此，幼儿园教师应始终热爱学前教育事业，自始至终牢记自己的神圣职责，把自身的成

长、个人的进步同社会主义事业和祖国的繁荣富强紧密联系在一起。这是幼儿园教师落实"师德为先"的理念的必然要求。

幼儿园教师的职业理想是幼儿园教师职业道德的重要组成部分，有了崇高的职业理想才能产生模范遵守职业道德的行为。教师职业被称作是"太阳底下最光辉的职业"，幼儿教师通过自己的劳动，促进幼儿健康、快乐的成长，为国家、社会培养人才奠定坚实的基础。幼儿教师的劳动虽然复杂艰苦，但充满骄傲和自豪，把幼儿教师职业作为自己的理想，不仅非常光荣，也是实现自身价值、追求幸福人生的重要途径。

师德是社会主义核心价值体系在教育活动中的具体体现，社会主义核心价值体系对师德具有引领和指导作用。《幼儿园教师专业标准（试行）》（以下简称《专业标准》），要求幼儿园教师践行社会主义核心价值体系，并将其作为师德的重要内容。幼儿园教师应认真学习社会主义核心价值体系，并将社会主义核心价值体系落实到自己的教育教学过程实践中去，以社会主义核心价值体系作为检验自身师德水平的重要标准。

（三）关爱幼儿，尊重幼儿人格，富有爱心、耐心和细心、责任心，公平公正是幼儿园教师师德的重要内容

幼儿园教师关爱幼儿，尊重幼儿人格，富有爱心、责任心、耐心和细心，这是幼儿园教师师德的重要内容，也是"师德为先"理念对幼儿园教师的必然要求。

关爱幼儿，尊重幼儿人格。师爱是师德的灵魂，没有爱，就没有教育。幼儿园教师必须关心、爱护每位幼儿，尊重幼儿的人格。对幼儿的热爱，是推动幼儿教师无私地、鞠躬尽瘁地为幼儿服务并能有所作为的内在精神动力。幼儿教师对幼儿的爱是一种具体的教育力量，它能为幼儿创造安全、信任、和谐的教育氛围，能感化幼儿，使幼儿主动配合教师的工作，发扬积极因素，克服消极因素，不断地进步。

要做到关爱幼儿，尊重幼儿的人格，就必须了解幼儿，了解是关爱与尊重的基础。幼儿园教师要充分认识儿童幼儿阶段的特性和价值，理解"保教结合"的重要性，能够按照幼儿的成长特点进行科学的保育和教育；要能够理解幼儿的认知特点和学习方式，把教育寓于幼儿的生活和游戏中，创设适宜的教育环境，关注幼儿的个别差异，促进幼儿富有个性的发展。教育是爱的共鸣，是心与心的呼应。幼儿园教师只有做到关爱幼儿、尊重幼儿人格，才能教育好幼儿，才能够使教育发挥出最大限度的作用。

幼儿园教师应富有爱心、责任心、耐心。富有爱心是幼儿园教师的核心品质。没有爱心，便不是一名合格的幼儿园教师，更不能很好地完成幼儿园教育工作；幼儿园教师只有富有爱心，才能更好地做到关爱幼儿、尊重幼儿人格。责任心是幼儿园教师的基本要求。有了责任心，幼儿园教师就有了对幼儿教育事业的满腔热情，就会对幼儿倾注自己全部的感情，积极促进幼儿的身心发展，若对幼儿教育事业没有责任心与使命感，是做不好幼儿教育工作的。耐心和细心是幼儿园教师做好教育工作的重要保证。由于幼儿独立生活和学习的能力较差，幼儿教师几乎要对他们生活、学习中的每一件事都给予关心和帮助。孩子在园、

所的每一分钟，幼儿教师都得守候在其身旁，关心、帮助和引导孩子们的生活和学习。幼儿教师不仅要关心孩子的吃、喝、拉、撒、睡、穿和玩，还要关心孩子学习活动中的每一个环节。幼儿教师所做的工作非常细致、具体和琐碎，这必然要求幼儿教师要细心和耐心。

（四）为人师表，教书育人，做幼儿健康成长的启蒙者和引路人

幼儿教师是幼儿健康成长的启蒙者和引路人。为人师表，教书育人，这是对幼儿教师的角色定位。

1. 为人师表是幼儿园教师职业的内在要求

幼儿教师的工作对象是 3~6 岁的儿童。这一年龄阶段的儿童好奇心强，好模仿，易受教师的感染影响，对教师保持无限信任和尊重。这就要求幼儿教师要为人师表，要注意自己一言一行的示范性和感染性。幼儿教师要用自己的工作向幼儿展示世界的真、善、美，用自己的工作证明自己的真、善、美，从而在幼儿面前树立起比较完美的职业形象，发挥幼儿健康成长启蒙者和引路人的职责。

2. 教书育人是幼儿园教师的天职

幼儿园教师职业劳动具有双重性：一方面，幼儿园教师承担着教书的任务，作为一名合格的幼儿园教师，应孜孜不倦地探求新知识、新技能，获取丰富的知识储备，精益求精，不断创新，履行好教书的职责；另一方面，幼儿园教师还承担着育人的任务，对幼儿进行道德教育是幼儿园教师义不容辞的责任。对此，幼儿园教师应关爱、尊重幼儿，发挥其楷模的影响作用，促进幼儿全面、健康的发展。

三、能力为重

"能力为重"是幼儿教师所必须始终秉持的一个基本理念，也就是说，在幼儿教师专业发展的价值取向上强化了能力的地位。为什么提出"能力为重"的理念呢？"为重"是相对于"为轻"而言的，是否说过去幼儿教师专业素质的发展中没有重视"能力"呢？幼儿教师的"能力"的内涵是否已经发生了变化呢？

（一）强调"能力为重"理念的背景

自 1996 年国际教育委员会提出了教育的四大支柱——学会认知、学会做事、学会生存、学会共处之后，"学会做事"成为国际教育界的一种价值导向。随着时代的不断演进，"学会做事"的内涵已超越了传统意义上的概念局限，这不仅仅指具有做事的一般技能或技术，也不仅仅指按照重复不变的方法熟练地做事，而是倡导富于责任感与创新精神地做事，从而进行更富于专业水准的反思性的实践。在"学会做事"的价值导向下，不断发展变化的时代需求和不断更新的知识和信息使得各种专业能力的内涵、结构及其水准必然要发生更新与优化。教师专业能力自然也不例外，重视能力建设已成为教师专业发展的趋势。

从国内外的发展来看，当今世界正处在大发展、大变革、大调整时期，世界多极化、经济全球化深入发展，科技进步日新月异，人才竞争日趋激烈。民族素质和创新能力越来越成为综合国力的主要标志。目前，我国社会正处在改革发展的关键阶段，构建社会主义和谐社会、加快建设创新型国家的历史重任，凸显了提高教育质量的重要性和紧迫性。幼儿教育作为我国基础教育的基础，也被推入了以提高质量为核心、注重教育内涵发展的阶段。教师质量是决定教育质量的最重要的因素，而教师专业能力是教师质量的核心，因此提高教师专业能力的问题自然成为我国当前教育发展的重中之重。

再从幼儿教育的发展来看，《幼儿园教育指导纲要（试行）》（以下简称《纲要》）贯彻十多年来，幼儿教师的观念发生了很大的变化，"以儿童发展为本"的思想深入人心。与此同时，教育实践层面也发生了很大的变化，以"教"为中心的幼教开始向着以"学"为中心转变。但是，由于幼儿教师的专业能力尚不能达到《纲要》的要求，特别是了解幼儿、与幼儿互动、有针对性地帮助每位幼儿发展的能力，教师们普遍感到把先进的理念转变为教育实践有很大的困难。因此，尽管《纲要》要求"帮助每一位儿童实现富有个性的发展"，但是，在教育过程中对幼儿把握不准，对不同年龄儿童发展的现状和目标把握不准，从而导致教育中随意性大、教学的有效性差、幼儿的发展质量不高等后果。可以说，《纲要》深入实施的瓶颈主要是教师的素质问题，是教师的专业能力问题。面对前所未有的机遇和挑战，幼儿教师的能力问题成为进一步深化幼教改革的焦点，由此也表明，"能力为重"理念的提出是非常必要与合理的。

（二）幼儿教师的能力转型

十几年来贯彻《纲要》的重大成果之一，是促进了我国幼儿教育范式的变化。所谓范式，在词典中被解释为"规范"或"范型"。《纲要》的"以幼儿为本"的理念和"促进每一位幼儿全面而富有个性的发展"的教育价值观推动了我国幼儿园课程的范式转换——从科学中心主义课程向社会建构中心课程变化，从"教"为中心的课程向"学"为中心的课程变化，这是一个根本性的、结构性的变革。不同范式的幼儿园课程由于教育教学的理念不同、强调的课程要素不同，对教师的能力要求也不同。科学中心主义课程重视各领域的知识体系，强调分科、预设、讲授等要素，而社会建构中心课程则把幼儿理解的、幼儿当下生活中的课题和幼儿主体参与的学习、建构自己的知识和同伴文化置于课程的中心地位，强调综合、生成、情境、体验等要素。显而易见，与不同课程特征相适应的教师能力的重点是不同的。科学中心主义课程以教师的"教"为中心，教师按照自己预设的教学计划进行以传授知识为主的教学。在这样的课程中，教师"教"的能力——备课、讲课、组织教学过程、传授知识等是其能力的重点。而在社会建构中心课程中，幼儿的"学"是中心，"教"是"学"的支架，是创设学习环境，是作用于幼儿的活动而对其发生影响；教师的能力重点是了解幼儿、创造学习环境、调动幼儿参与、与幼儿对话、帮助幼儿主动建构自己的知识；学习的关键成分是体验、参与、过程、环境、合作、意义获得等。不言而喻，课程范式的变化必然要求教师的能力重点发生转移。毋庸讳言，我国幼儿教师的专业能力与幼儿园教育改革的需要之间尚存在很大的差距，教师的能力还远不适应于幼儿园课程转型的要求。正是在这个意义上，《专业标准》提出了"能力为重"的理念。《专业标准》指出："把学前教育理论与保教实践相结合，突出保教实践能力；研究幼儿，严格遵循幼儿成长规律，提升保教工作专业化水平；坚持实践、反思、再实践、再反思，不断提高专业能力。"可以看到，被强调的能力是："与理论相结合的保教实践能力""研究幼儿的专业能力""反思提高的自我发展能力"。这三项能力共同的基础是"幼儿为本"的幼儿教育实践、与理论密切结合的非盲目的实践、基于研究幼儿与教育规律的专业化实践、由理性思考所推动的不断进步与升华的实践。这三项能力共同的指向是教师的学习、研究、创新以及个人专业发展，即学习能力、研究能力、创新能力、自我规划与发展能力。显而易见，与过去要求的幼儿教师的能力相比，现在谈及幼儿教师的能力时，"能力"这一概念的内涵已经发生了根本性的变化。"能力为重"不是说过去的幼儿教师没有能力或者不看重能力，而是强调教师必须在新的变革中转变自己的"能力观"，提高自己的能力与教育变革相匹配的专业能力。

四、终身学习

"终身学习"理念指的是："学习先进学前教育理论，了解国内外学前教育改革与发展的经验和做法；优化知识结构，提高文化素养；培养具有终身学习与持续发展的意识和能力，做终身学习的典范。"终身学习的理念适应了国际教师专业发展与教育改革的趋势，同时也适应了教师需要不断学习、提高的职业要求。

（一）终身学习是当前国际教师专业发展和教育改革的趋势

终身学习是时代发展的要求。为了应对时代发展的挑战，自 20 世纪 80 年代以来，世界各主要国家就开始逐渐将终身学习作为指导本国教育改革与发展的一项基本政策和原则。美国早在 1976 年就颁布了《终身学习法》，在 1994 年的《目标 2000：美国教育法案》第五条中特别强调并鼓励终身学习机会的提供；日本则于 1988 年颁布了《日本节教政策：终身学习最新发展》的白皮书，1990 年又颁布了《终身学习振兴法》；此外，瑞典、法国等国家也颁布了以终身学习为指导原则的系列教育改革法案。与此同时，终身学习在教师专业发展中的地位和作用也受到越来越多的重视，日本自 20 世纪 80 年代以来，通过持续努力，逐步构建起了终身学习型专业发展的教师专业发展模式；欧盟则将教师的角色与教师终身学习和职业生涯发展看作教师的关键优先权，在《教师能力和资格的欧盟共同原则》中也提出必须将教师始终置于终身学习体系中。终身学习已成为当前国际教师专业发展和教育改革的主要趋势之一。

（二）终身学习是由幼儿园教师职业特点所决定的，是幼儿园教师职业的特别要求

幼儿园教师职业对象的特点与教师的专业发展需求决定了幼儿园教师必须坚持终身学习的理念，做到终身学习。

幼儿园教师职业的对象是具有主动性和独特性的幼儿个体。幼儿园教师的主要任务之一是激发幼儿的学习兴趣，强化幼儿的学习动机，诱发幼儿渴望对学习的需求，并最终实现幼儿在未来社会中不断发展的可能性。德国著名教育家第斯多惠说过："只有当你不断致力于自我教育的时候，你才能教育别人。"因此，要求幼儿园教师必须树立终身学习的理念，并将其付诸实践，才能够不断影响幼儿的学习态度及行为，促进幼儿不断的发展。幼儿园教师理应成为幼儿终身学习的典范。

幼儿园教师专业化是当代幼儿园教师发展的重要内容。从某种意义上来讲，幼儿园教师专业化是一个动态的发展过程，是教师在他的整个教学生涯中不断提高自我、从不成熟逐步走向成熟的过程，是教师在专业素质方面不断成长和追求成熟的过程。教师专业发展所要求的知识素养、能力素养、教育理论素养、道德素养等，其实现都需要幼儿园教师树立终身学习理念，并且有终身学习的迫切愿望和实际行动。

终身学习是幼儿园教师专业发展的立足点和必然要求。在专业发展过程中，幼儿园教师要不断学习各种文化知识、专业知识以及教育教学知识等，不断拓宽自身的知识视野，优化知识结构；应当不断了解当前最新的学前教育理论和前沿问题，用新理论、新方法指导自己的教育教学活动；应当及时关注世界其他国家的学前教育动态，借鉴其他国家的长处，改进自己的教育教学实践。

作为终身学习者，幼儿园教师应潜心钻研业务，勇于探索创新，不断提高自身的教育教学能力。幼儿园教师应积极投身教育研究和教育实践，在日常学习和教育教学实践过程中积累所学所思所想，形成问题意识和一定的解决问题的能力；要了解和研究学前教育实践的一般方法，积极参与各种类型的教科研活动，在参与教育实践和教育研究过程中，促进自身教育教学能力的持续不断提高。

作为终身学习者，幼儿园教师应在拓宽知识视野、优化知识结构和提高自身教育教学能力的基础上，不断提高自身的专业素质，促进自身的专业发展。幼儿园教师应进一步了解教师专业素养的核心内容，明白自身专业发展的重点；应了解教师专业发展的阶段和途径，熟悉教师专业发展规划的一般方法，学会理解与分析优秀教师的成功经验；应了解教师专业发展的影响因素，学会利用各种机会，积累发展经验。

（三）终身学习的理念要求幼儿园教师具有终身学习与持续发展的意识和能力

终身学习的理念，将幼儿园教师定位于终身学习者，要求幼儿园教师具有终身学习和持续发展的意识与能力，做终身学习的典范。

幼儿园教师应具有终身学习和持续发展的意识。为了使自己成为终身学习者，进而应对知识爆炸的时代对人素质的要求，幼儿园教师首先应该树立明确的终身学习和持续发展的意识，要认识到终身学习是时代进步和社会发展对人的基本要求，是人自我发展、自我实现的不竭动力，是幼儿园教师专业发展的基本条件，也是幼儿园教师更好地完成教育教学工作的必然要求；与此同时，更要认识到如果不能树立终身学习和持续发展的意识，不能做到与时俱进，只会停滞不前，便不能成为一名合格的幼儿园教师，也不能顺利完成幼儿教育教学工作，甚至会阻碍幼儿身心全面、健康的发展，必然也会被时代和社会所淘汰。

幼儿园教师应具有终身学习和持续发展的能力。仅只是有终身学习和持续发展的意识还不足以保证幼儿园教师成为一名终身学习者，它还要求幼儿园教师具有终身学习和持续发展的能力。2006 年，欧盟委员会提出了终身学习的 8 大关键能力，即母语沟通能力，外语沟通能力，数学、科学与技术的基本能力，信息技术能力，学会学习，人际交往、跨文化交往能力以及公民素养，实干精神和文化表达。这 8 大能力是公民终身学习的关键能力，自然也是幼儿园教师所应具备的终身学习能力。此外，幼儿园教师还应该具备适应现代教学的能力、教育教学科研能力、研究幼儿的能力和自我调控的能力。只有具备了终身学习和持续发展的能力，幼儿园教师才能够成为真正的终身学习者。

幼儿园教师理应不断增强终身学习和持续发展的意识，提升终身学习和持续发展的能力，自觉养成自主学习的良好习惯，不断更新自己的知识结构，成为终身学习者和学习社会的促进者。

第四章 学前教育管理学概述

第一节 学前教育管理与学前教育管理学

一、学前教育管理的形成与发展

在近现代意义上的公共幼儿教育机构出现之前，对幼儿的养护和教育是在家庭中进行的。17 至 19 世纪，资本主义制度在确立和发展时，极大地推动了近代学前教育的前进，出现了公共学前教育机构。幼儿园从诞生至今，大致经历了萌芽期、发展期和普及期阶段，与其相对应的学前教育的管理也日益规范化和科学化。

（一）萌芽期

18 世纪 60 年代，第一次工业革命推动了生产力的迅速发展，它突破了体力的限制，使妇女成了劳动力。一些慈善家开办了一些幼儿学校、婴儿学校或苦难儿童保护所，来有效解决妇女照看子女的后顾之忧。

1802 年，欧文在苏格兰创办了世界上第一所幼儿学校，开创了近代史上对 6 岁以下儿童实施公共幼儿教育的先河。1837 年，福禄贝尔在德国勃兰恩堡建立了一所幼儿教育机构，并在主要的资本主义国家掀起了影响广泛的幼儿教育运动。英国在 19 世纪出现了持续 30 年之久的"幼儿学校运动"。19 世纪下半叶，随着西方资本主义国家经济的发展、初等义务教育的普及，社会对幼儿教育的需求日益增多，人们也越来越认识到幼儿教育的重要性，一些国家开始制定有关政策来发展幼儿教育并给予管理。自此以后，幼儿教育的社会地位逐渐得到确立。这一阶段的幼儿教育主要以工人及其子女为服务对象，主要任务是看护和生活照料，其带有慈善和福利性质，管理相对松散，较少规范，相对应的理论也不完善。

（二）发展期

19 世纪末到 20 世纪上半叶，社会公共幼儿教育进入"发展期"，英国、法国、美国等国都完成了第二次产业革命，生产力出现了质的飞跃。新的生产方式在很大程度上改变了人们的思想，使得人们更加深切地认识到科学技术对经济发展的促进作用，认识到教育的经济价值。

"第二次世界大战"后，在一些资本主义国家，由于国家的重视和直接介入，幼儿教育成为一项国家制度和公共事业。伴随着学校教育体系的建立，幼儿教育被纳入国民教育体系。幼儿教育机构的服务范围扩大到全体儿童，并设有专门或非专门的行政机构加以管理，有了一定制度和规范，如1944年英国政府颁布了《巴特勒法案》。自此以后，幼儿教育在国家和地方的双重管辖之下稳定发展。这一时期，新教育运动和儿童研究运动在西方国家蓬勃开展，促进了幼儿教育的科学化，幼儿园管理也因此逐渐完善与规范。

（三）普及期

20世纪60年代以来，科学技术的迅速发展及广泛运用，促进了世界经济的繁荣与发展。各国都越来越重视教育的作用，认识到教育必须从基础抓起，必须加强和改进学前教育。因此，世界上一些发达国家都根据各自的社会、经济、文化等特点，改革和发展学前教育。这个时期，社会公共幼儿教育的教育功能得到了重视，幼儿园教育兼具了保育和教育的双重功能。

这一时期，幼儿园管理形成了系列的规范和要求。如英国在1966年发布了《普洛登报告书》，规定了保育集体的规模，主张3个保育集体组成一个保育中心，规定了教师和保育助理的配备及资格等制度。英国政府同意了这个报告并制订了实施计划，而其他欧美国家也采取了多种措施使幼儿教育的发展和管理进一步合理和规范。

因此，普及期的幼儿教育机构规模扩大、发展速度加快、类型日益多样化，教育管理的水平逐步提高。

二、中国幼儿教育机构的诞生和发展

尽管学前教育是相对于学校教育而言的，在学校教育产生前不可能有学前教育，但是这并不意味着在学校产生以前没有对幼儿实施的教育。古代幼儿教育的实践，积累了对儿童实施保教的经验，为正规幼儿教育的出现奠定了基础。

1840年第一次鸦片战争后，随着外国文化的渗透，中国传统的封建社会教育发生了根本的变化，各种各样的教育机构也应运而生。

中国第一所公共幼儿教育机构——湖北幼稚园，是1903年湖广总督张之洞在湖北创办的。创办伊始，办园方针和方法均采用日本模式。清朝末期至民国初期，我国逐步明确了设置社会性幼儿教育机构的宗旨和相关管理办法，如1904年颁发了《奏定蒙养院及家庭教育法章程》，提出了蒙养院的办学宗旨，规定了教育对象、教师资格、保育目标、课程设置，以及有关房屋、图书、器具和管理人事务等方面的内容。章程涉及幼儿园教育的各个方面，这是一套完整、系统的幼儿园教育和管理章程。

由于统治者的文化教育思想还很落后，中国初期的幼稚园在夹缝中求生存，幼儿教育发展得极为缓慢。在中华人民共和国成立之前，全国仅只有1300余所幼儿教育机构，当时幼儿教育机构主要为官僚和富裕家庭的儿童服务，也有少数是慈善机构。在半封建半殖民地的中国，幼儿教育带有明显的外国化、宗教化和小学化的倾向。

在中华人民共和国成立初期，我国政府首先收回了幼儿教育的自主权，确立了幼儿教育面向工农大众和为社会主义建设服务的发展方针，然后做出了改革学制的决定。幼儿教育成为我国学制的第一个阶段。国家陆续出台了一系列有关幼儿园任务、设置和领导、课程内容与教育活动原则、管理职责等方面的文件，推动了幼儿教育的迅速发展，形成了我国幼儿教育的完整体系。

伴随着不同时期社会经济、政治、文化的发展需要，我国建立起相应的幼儿教育政策，幼儿园的管理也日益规范化和科学化。目前，幼儿教育是中国基础教育的重要组成部分，幼儿教育的发展正在从城市走向农村，并逐步辐射到弱势儿童。《国家中长期教育改革和发展规划纲要（2010—2020 年）》指出："积极发展学前教育，到 2020 年，普及学前一年教育，基本普及学前两年教育，有条件的地区普及学前三年教育。重视 0 至 3 岁婴幼儿教育。"

教育领域的改革正不断深化，学前教育管理作为一门独立的学科也在逐渐完善，进而促进学前教育又好又快的发展。

三、学前教育管理的概念及基本职能

（一）学前教育管理的含义

随着学前教育改革的不断深入和管理理论研究的发展，管理理论也逐渐融入学前教育管理领域。人们越来越认识到，要想办好学前教育，仅只是凭借经验是不够的，还必须对其进行科学管理，不断探索学前教育管理的规律。

教育管理是教育行政人员与管理人员遵循一定的教育方针，利用管理手段，通过组织、指挥、协调教育人员的活动，高效、优质地完成国家下达的教育任务，实现国家规定的培养目标，从而达到通过教育促进社会发展的目的的活动过程。我国的学前教育管理是学前教育行政人员和托幼园、所等学前教育机构管理者，为了实现教育目标，按照党的学前教育方针政策，遵循保教工作的客观规律，运用科学的手段和方法，极大地发挥社会和各类学前教育机构人、财、物等因素的作用，组织和领导全体学前教育工作者协调一致、高效地实现预期目标的活动过程。学前教育管理主要包括两大方面：一是托幼园、所（主要是幼儿园）等学前教育机构的内部管理；二是学前教育行政管理。

幼儿园管理是幼儿园管理人员遵循一定的教育方针和保教规律，采用科学的工作方式和管理手段，将人、财、物等因素合理组织起来，调动各方面的积极性，为优质、高效地实现国家所规定的培养目标和幼儿园工作任务所进行的各种活动，诸如幼儿园的保健工作、保教工作、总务后勤工作等。这是学前教育管理中的微观管理。

学前教育行政管理包括幼教专业人员的培养规划与管理、幼教事业的发展规划与计划管理、幼教机构与分布管理等。这是学前教育管理的宏观管理。对幼儿园园长来讲，管理工作更侧重于幼儿园内部，因此要对幼儿园的各方面资源进行统筹，来发挥幼儿园最大的效能。同时园长也应该关注教育行政部门对学前教育管理的政策、规划及发展目标，从而确定本园的发展方向。因此，考虑到本书主要阅读对象，著者把阐述重点放在幼儿园管理上。

（二）学前教育管理的基本职能

学前教育管理的职能是多方面的，可以简要概括为以下 5 个方面。

1. 计划和决策

决策是领导的主要和重要职能，在计划中需要决策，在计划前和执行中也都需要决策。计划是一切学前教育管理活动具体实施的前提，是在办园目标、方针等指导下制订的。

2. 组织和指导

组织工作是学前教育管理的基础性的工作，是实施管理目标、完成计划的保证。组织工作不仅包括建立组织机构，还包括完善组织网络系统，建立和完善各组织机构、个人的职责范围和岗位职责，建立健全各项规章制度等一系列常规管理体制。指导是指在管理过程中，管理者指示教导下属完成工作任务。

3. 协调和控制

在组织机构和人员工作中，难免会有互相牵制、干扰和职责混淆的情况，因而管理者要进行协调，以保证群体工作的整体性。控制则是指对各级组织、人员工作中偏离计划、目标的活动加以制止和纠正。

4. 评价和革新

评价即评定鉴别。在学前教育管理工作结束之时需要评价，在开始、进行之中同样需要评价。它既可保证计划切合实际，也可确保工作沿着既定方向发展，还是根据最终目标而修订局部计划的依据。革新是指学前教育管理过程不断变革，以便更好地为教育目标服务。

5. 领导激励

领导激励，即领导以激励的方式调动人的工作积极性。它是管理工作尤其是人员管理的最重要内容之一，是衡量领导艺术水平高低的重要指标。

四、学前教育管理学的概念、学科性质、意义及幼儿园管理任务

（一）学前教育管理学的含义

学前教育管理学是一门从教育管理学中分化出来的新兴学科，它是以科学理论为指导，

运用管理学、教育管理学以及学前教育学的基本理论研究如何实现对学前教育事业和各类学前教育机构的优质、高效的管理的一门科学。它是以学前教育管理现象及其规律作为主要研究对象的。

（二）学前教育管理学的学科性质

现代管理学、普通教育学和儿童管理思想对学前教育管理学影响深远，这共同构成了学前教育管理学的主要理论基础。

普通教育学是学前教育理论的母体。我国早期的幼儿园教材、教法和课程设置就直接脱胎于普通教育学。现代教育理论始终认为，终身教育的起点是学前教育阶段，构建学习型社会、培养可持续发展人才必须重视学前教育；现代课程理念内涵的拓展为学前教育课程变革提供了理论基础。因此，普通教育学的发展成为学前教育管理研究的根本依据。

现代学前教育管理思想的形成与社会发展的要求、信息科技的进步以及全球化的学前教育发展潮流紧密联系。首先，我国的社会经济、文化发展形势对新时代的人才提出了更高的要求，儿童早期智力开发的重要性使学前教育的价值充分凸显，整齐划一的行政命令式管理模式不再适合学前教育发展的需要。随着教育体制改革的深化，办园主体多元化，不同办学模式的幼儿园呼吁与之相适应的新的管理方式。其次，信息技术在学前教育管理中的运用越来越广泛。再次，20世纪末的全球化浪潮席卷世界，世界各地都积极开展学前教育改革，频繁的国际学术交流和相互了解促进了学前教育管理思想的繁荣。联合国教科文组织等相关组织召开了一系列的国际儿童会议，会议出台了大量有关学前教育的文件，对我国学前教育的价值取向和管理思维产生了极大影响。这些因素综合作用，推动着学前教育管理这门学科从萌芽走向成熟。随着学前教育管理研究范围的不断扩大和深度的增加，作为原先的母体学科的普通教育学已经无法进行容纳了。因此，教育管理学从教育学中脱颖而出，成为教育科学体系中的一门独立的分支学科。

管理学为学前教育管理学提供了强大的理论基础和系统的研究方法。作为在学前教育活动和学前教育管理活动基础上产生的学前教育管理学，一开始就得到管理学的滋养，成为管理科学体系中一门独立的分支学科。

儿童管理思想是教育机构制订儿童发展目标与管理儿童的主要依据。在学前教育发展史上，重要的教育变革从来都以儿童发展取得的新进展为重要理论支持。20世纪多国兴起的"儿童研究运动"，让儿童在社会上的地位发生"哥白尼式的变革"。由重视儿童的被动接收到尊重儿童主体建构，由重视教师的教学到重视游戏和儿童的自发活动，学前教育的关键——师幼关系因此发生巨大改变，学前教育的评价也因此有了新的标准。

学前教育管理学是教育管理学的分支学科，也是学前教育专业课程体系的重要组成部分。学前教育管理学是介于教育科学与管理科学之间的一门边缘学科，基本上属于社会科学的范畴，同时也是一门实践性很强的应用科学。

（三）学前教育管理学研究的意义

1. 丰富和发展了学前教育管理理论，促进了对学前教育依法管理

理论来源于实践，学前教育管理理论是在实践的基础上形成和发展起来的。实践不会自然地生成理论，理论源自人们对感性经验的不断抽象与概括。大量的学前教育管理研究成果丰富了学前教育管理理论，促进了学前教育管理学的发展。

依法管理学前教育是世界学前教育发展的一个重要趋势。在学前教育有关的法律、法规及相关政策的学习和研究中，增强学习和运用法律、法规及政策的自觉性和主动性，提高依法办园、依法管理的意识，是学前教育尤其是学前教育管理工作者的基本职业意识，这也是不断提高我国学前教育管理水平的希望所在。

2. 为学前教育管理的改革和发展以及教育行政部门的决策提供理论支撑

我国的学前教育正处在改革和发展的新时期，学前教育管理实践需要学前教育管理理论的指导，学前教育管理研究是人们揭示学前教育管理客观规律的有效途径。人们通过学前教育管理研究将感性认识上升为理性认识，然后为学前教育管理实践提供理论指导。没有正确的学前教育管理理论指导的实践，就是盲目的实践。从这种意义上来说，学前教育管理的改革和发展是一个学前教育管理研究不断深入的过程。

现代教育行政部门面临的问题日益复杂，单凭教育行政人员的个人经验和主观判断，往往不能妥善解决。通过采用科学的工作方法、实行科学决策，是国际教育行政管理发展的趋势。因此，教育决策不能离开对学前教育管理的研究，实现科学的学前教育管理决策必须要以学前教育管理研究为先导，这是学前教育行政领导素质和管理水平提高的主要标志。

3. 促进学前教育科学管理，提高学前教育管理效能

学前教育管理学是一门与学前教育管理实践紧密相关的科学，一方面，它是现代管理科学在学前教育领域的运用和发展；另一方面，它是学前教育管理实践的理论提升和经验总结。学前教育管理学揭示了学前教育管理的特点和规律，展现了管理科学在学前教育管理领域的功效。因此，学习学前教育管理学，这对于科学地进行学前教育管理，把握学前教育管理的基本特点和规律，具有十分重要的意义。当然，科学的管理实践本身也必然会产生更具科学意义和理论意义的经验，有利于发展学前教育管理理论。

学前教育管理学是一门应用性学科。学习并应用学前教育管理理论，有利于提高管理的效率，而这也是学前教育管理的一个重要目标。因此，要充分地、最大限度地发挥出学前教育管理中各个因素的作用，减少管理过程中的矛盾，使各项管理工作真正指向管理目标，就必须学习现代学前教育管理理论。从这个意义上说，高效的学前教育管理就是自觉地以管理科学理论为指导的管理。

4. 提高学前教育管理者的自身素质

学前教育管理者在学前教育管理研究中，通过学习学前教育管理理论，提高理论水平，形成科学的态度，掌握学前教育管理的方法与独立思考、独立工作的能力，从而促进自身整体素质的提高。在学前教育管理的研究者队伍中，无论是普通教师、管理人员，还是专家，都是研究成果的享用者、受益者。由此可见，学前教育管理研究是以一种特殊的方式改善学前教育管理的过程，改善学前教育管理者的管理行为。

（四）幼儿园管理的任务

幼儿园管理的任务是通过组织机构来发挥组织、指挥、协调、控制等管理职能，合理地组织利用各种教育资源，实行保育与教育相结合的原则，对幼儿实施体、智、德、美诸方面全面发展的教育，促进其身心和谐发展，确保保教质量的提高，较好地完成达到预期的教育培养目标和服务家长的双重任务，在为幼儿服务的同时，也为家长工作、学习提供便利条件。

第二节　学前教育管理学的研究内容与研究方法

一、学前教育管理学的研究内容

"学前教育管理学"是学前教育专业开设的一门重要课程。近些年来，有一批相关教材和译著陆续出版；很多学前教育专业的杂志开辟了"管理研究专栏"，相关研究论文和报告的发表率逐年上升；从事学前教育管理研究的人也越来越多；学前教育的研究队伍空前壮大，研究成果日渐丰富。

学前教育管理学研究最多的内容是组织文化和师资队伍建设，然后依次为幼儿园保教工作，幼儿园和家长、社区工作，幼儿园的组织机构和规章制度，幼儿园工作评价，幼儿园管理任务与原则，幼儿园管理的目标与过程，总务工作，管理概述，卫生保健及安全工作和教育行政等。

学前教育管理理论虽然在横向上不断拓展、纵向上不断深入，但是学前教育管理基本理论应当始终是学前教育管理研究的主要内容。基于这种考虑，著者试图建立起一个以学前教育管理理论为主，以学前教育管理实践为辅且两者有机结合的体系框架，其内容由学前教育管理基本理论、学前教育行政与园长工作和学前教育管理实务三部分组成。

二、幼儿园管理活动的构成要素

幼儿园管理活动是由管理者、管理手段和管理对象三要素构成的。

（一）管理者

管理者是幼儿园管理基本要素中最活跃、最重要的因素，是管理的主体，决定着学前教育管理的成败。它主要由园长、教师、职员和幼儿组成。

（二）管理手段

幼儿园管理手段主要包括幼儿园管理体制和幼儿园规章制度。管理体制是幼儿园管理的根本制度，它明确规定了园长在幼儿园的地位和作用、党政关系等有关组织和管理的根本问题。

幼儿园管理的规章制度是幼儿园管理的"法"，它包括岗位责任制、会议制度、作息制度、课堂常规、财务制度和各部门职责等。

（三）管理对象

幼儿园管理对象就是幼儿园管理的客体，包括人、财、物、事、空间、时间和信息等。

人包括教职工和幼儿。人既是管理的主体，又是管理的重要对象，幼儿园的一切活动都要通过人来进行。因为人是有个性、有感情、会思考的，所以对人的管理尤为繁杂，既要强调科学性，又要强调艺术性。管理的中心任务就是对人的管理，通过调动人的积极性、主动性和创造性，协调幼儿园管理内部与外部的各种关系，做到人尽其才、才尽其用、各得其所，最大限度地开发和利用幼儿园人力资源。

财包括资金的筹集、使用和分配等。在管理过程中，生财是根本，聚财是保证，用财是关键。幼儿园经费，包括预算内、预算外资金，都是重要的管理对象。幼儿园管理者要遵循财务制度，通过正确、有效地组织和协调，广开财源，科学聚财，合理分配和使用财力。

物包括幼儿园校舍、场地、设备、图书等生产、生活资料和装备在内的物质资料。能否做到物尽其用，提高幼儿园的社会效益和经济效益，是衡量幼儿园管理水平高低的主要标志之一，因此要开发自然资源、计划分配物力、有效利用物力资源，做到物尽其用，防止大材小用、优材劣用，杜绝浪费。

事是人与人，人与财、物等的关系在信息的作用下所形成的复杂活动，如保教、体育、卫生、总务等。

空间是指管理系统存在的规模、范围、组合方式等空间形式，也指管理系统中各要素之间、管理系统与周围事物之间的距离、方位、排列次序等空间关系。

时间也是资源，而且是最宝贵的资源。幼儿园管理活动都是在一定的时间内进行的，因此正确地树立时间价值观念，提高时间的利用效率，把握管理决策的时机，是提高幼儿园管理工作成效的关键因素。

信息是反映事物在管理过程中的活动特征及其发展变化情况的多种消息、情报和资料等的统称，它对于现代幼儿园管理工作起着越来越重要的作用。管理对象的所有活动都各自产生着信息，而这些信息通过接收、传递和处理，反映、沟通了各方面的情况和变化，使管理者能借此进行控制，实现各管理环节之间的联系和协调。从某种意义上来讲，人类认识世界和改造世界的过程，也就是开发信息、利用信息的过程。

三、学前教育管理学的研究方法

研究方法是学科建设和发展的钥匙，不同性质的学科有不同的研究方法。由于学科的不断分化和综合，某一种研究方法可适用于多种学科，而综合性学科的研究也须用多种研究方法。

学前教育管理学是一门综合性较强的学科，常用的研究方法主要有以下六种。

（一）经验总结法

经验总结法是研究学前教育管理的根本方法，也是学前教育管理理论建设和发展的根本途径。学前教育管理应用价值的体现主要依靠这一方法。

经验总结法可采用不同的形式来进行，既可以由个人进行，也可以由集体进行；既可以研究自己的成功经验，也可以研究他人的先进经验；既可以由幼儿园自行组织，也可以由教育行政部门、教育研究机构组织。其中最有效的组织形式是领导、专家和群众相结合。

经验总结首先做好准备工作，确定题目，选定对象，组织人力，阅读有关材料，拟定计划；其次搜集反映全面情况的材料；再次将搜集到的材料及时加以分类，使之系统化；最后再进行必要的加工与整理。

（二）调查法

调查法是指对学前教育管理中的某个课题、某项工作，通过谈话、问卷、调查会等方式获得第一手材料，并把这些材料进行整理、分析和加工，获得某些规律性、结论性知识的方法。如果调查对象的数量较大，就可根据调查目的进行抽样调查和典型调查。调查结论的正确与否往往取决于手段运用得是否科学。

首先，调查要有计划，目的明确、具体，确定调查方法，调查对象的选择或范围的限定要有代表性；其次，要实事求是，调查时要进行全面记录，力求全面、系统、深入地掌握实情；最后，对掌握的第一手材料进行核实、深入透彻地分析与研究，以得出切实可靠的结论。

（三）文献法

文献法是一种间接研究方法，是指依据研究的目的、任务，通过查阅文献资料，并对之进行整理、分析，从而找出事物本质和规律的研究方法。文献法尽管不直接接触现实的幼儿园管理，但是通过对文献资料的比较、归纳和数据的统计，容易发现学前教育管理中的规律。历史文献研究是一种常用的文献法，它通过对历史上幼儿园管理状况的文献进行研究，发现规律，发现学前教育管理中某个方面发展的趋势。另一种是横向比较的文献研究，它通过国际、地区间、幼儿园间不同管理状况的文献的对比研究，找出学前教育管理成败的因素，分析不同研究对象之间的共性和差异，从而得出结论。

学前教育管理的文献资料可涉及很多方面，包括保教、总务后勤、人事行政、党务活动等诸多方面的文件、表册、数据、会议记录、工作日志、计划、总结，以及有关著述、论文、通讯报道等。

使用文献法，要针对研究目的和任务尽可能地做到资料齐全、可靠，整理资料的方法科学、规范，分析研究全面、客观，从历史文献产生的时代背景和客观事实出发，最后得出结论。

（四）实验法

实验法是研究者按照研究目的，合理地把握或创设一定条件，或者人为地变化研究对象，以验证研究假设、探讨保教及其管理现象的因果关系、揭示学前教育保教工作或管理规律的一种研究方法。

教育实验应用的范围很广，诸如教育体制改革、保教模式改革、课程与教材改革、管理体制改革等，都可以通过实验掌握数据和资料，探寻规律，以促使管理工作合乎规律，避免主观意志和主观主义。许多著名教育家都是用这种方法实践其教育思想和理论，并取得了显著成就，如苏霍姆林斯基、陶行知等。

实验法的步骤依次是：确定实验课题与方法；拟定实验计划，确定实验对象；准备实验设施和进行人员培训；实验中排除干扰，控制实验因素；记录实验过程；分析实验结果；得出结论，撰写实验报告。

（五）行动研究法

行动研究法是指由学前教育管理者与科研人员共同参与，从学前教育管理工作的实际需要出发寻找课题，在学前教育管理工作中进行研究，共同解决实际问题的一种研究方法。

行动研究是学前教育管理实践活动和学前教育管理研究的有机结合，它包含为行动而研究、对行动的研究和在行动中研究等诸多研究。这种方法为学前教育管理者"在行动中研究，在研究中提高"创设了条件，是近些年来受到广泛关注和普遍适用的研究方法。

这种方法共分发现问题、分析问题、查阅文献、初拟方案、收集资料、试行修正、总结评价七个步骤。这种研究是在不断变化着的实践中进行的，所以需要在不断地尝试和调整过程中，加深对问题的认识，积累解决问题的经验。在研究的一定阶段合理使用行动研究法，有助于取得客观、可靠的普遍性结论。

（六）案例法

案例法是指通过调查研究和资料收集等方法把已经发生的、典型的学前教育管理事件，撰写成描述性的文字材料，供学习者进行讨论与分析，来培养研究者分析问题与解决问题的能力。这种方法是美国哈佛商学院于1908年首创的。哈佛大学教育管理学院把它作为一种基本的教学方法加以运用。

学前教育管理学的研究方法有很多，科学、有效地选择研究方法非常重要。一般情况下，选择学前教育研究方法的主要依据有两个：一是研究内容的性质。对不同性质的研究内容进行研究，所采用的方法不会完全相同，比如，对幼儿园课程的研究，比较理想的方法是行动研究法和经验总结法。二是研究对象的特点。研究对象不同，就会对研究方法有不同的要求。比如，对超常儿童的研究，因其数量少、分布广，需要对其进行长期的跟踪观察研究，就不宜采用常态儿童研究方法。

四、近年来我国学前教育管理研究的主要成就与发展趋势

（一）近年来我国学前教育管理研究的主要成就

1. 学前教育管理研究逐步系统化

学前教育管理作为一门独立学科的学科框架渐渐明晰，各项研究不断深入。有关学前教育管理的性质、意义、目标和任务、管理过程以及借鉴其他学科相关成果的文章很多，学科的理论思维和实践探讨十分活跃。学前教育管理研究日益呈现系统化、科学化趋势。

2. 学前教育机构发展迅速

学前教育机构无论在数量还是质量上都出现快速发展的局面。一方面，园所数量飞速增加，幼儿入园率显著上升；另一方面，幼教机构的办园规模更加合理化，行政管理更加体系化，经费来源更加多样化。学前教育管理明确了地方负责、分级管理的基本方针政策。民办学前教育机构发展迅猛，民办学前教育管理也有了较为长远的发展。

3. 学前教育管理中的人力资源管理凸显人文关怀

人力资源管理是学前教育管理研究中的一大亮点，从中折射出古典管理思想和"以人为本"思想的深远影响。

4. 后勤等实务管理更加规范

社会各界高度关注幼教机构的设施是否配备齐全、饮食是否安全卫生、有关制度是否落实到位，所以相关管理部门积极改善后勤保障工作，相关法规相继出台，有力推动了园、所后勤管理的规范化。

（二）我国学前教育管理研究的发展趋势

第一，理论研究与应用研究相结合。学科的成熟必然要求理论和实践紧密结合，学前教育管理研究具有很强的应用性倾向，多以经验分析为基础，指向实际问题。今后，其研

究的理论性不断加强，对实践的指导作用将越来越大。

第二，信息化手段将对学前教育管理研究产生深远影响。20世纪末发生的以计算机和信息技术为核心的新技术革命已经渗入人类的工作和生活中，使得学前教育的教学管理和园务管理都发生很大改变。信息技术辅助学前教育管理成为学前教育人员培训的重要内容。随着信息技术在学前教育领域的推广和应用，未来的学前教育管理研究将因此而发生重要变革。

第三，研究其他学科领域的管理经验在学前教育管理上的应用和实践，以期提高管理的科学性。如何正确借鉴其他学科的经验，努力发现适合当前体制的学前教育管理方式，将成为学前教育管理研究发展的一大方向。

第五章　学前教育管理体制

第一节　学前教育管理体制相关概念辨析

"体制"一词，被广泛地应用于社会管理领域，如"政治体制""经济体制""深化教育体制的改革"等。研究教育管理，不应忽略教育管理体制的探究。

一、几个相关的体制概念辨析

为了清晰地界定教育领域的几个常用的体制的概念，有必要从基本的体制概念入手，逐层梳理。

（一）体制

"体制"一词最初为生物学概念，指生物器官的配置形式，后来引申出"组织体系和联系制度"这种含义，迁移于描述社会领域的组织制度，如政治体制、经济体制等。所谓体制，顾名思义，包括体系和制度两部分。体系指的是组织的机构设置系统，制度是保证组织机构系统正常运转的规范。机构系统是制度的载体，制度是整个机构系统的核心。如果建立了机构而无制度、规范，那机构的设立是何目的，有何效用？反之亦然。载体与规范是结合体、统一体，因此才被称为体制。所以，体制常被界定为关于国家机关、企事业单位的机构设置、隶属关系和权限划分等方面的体系与制度的总称。

（二）教育体制

教育体制是教育机构和教育制度或称教育规范的结合体、统一体。其中，教育机构指的是教育实施机构和教育管理机构。教育实施机构指的是各级各类学校，如幼儿园、小学、中学、大学，除此之外还有其他各类别的学校机构，如成人教育、特殊教育等。教育管理机构包括各级教育行政机构（如教育部、厅、局、组等）和幼儿园、学校内部的管理组织（如校长层、主任层等）。

教育制度是指建立并维持教育机构正常运转的各种规范，它们管理着教育机构的职责、权限和机构内的人员与岗位责任等，一般以教育方针、政策及具体的法规、章程、准则等体现出来。

近二十年来，常出现的"教育体制改革"这一提法，就是围绕着机构设置和相应规范而展开的。要么侧重改变教育机构的设置，要么侧重改革教育法规制度，或者两者一起变新。

（三）学校教育体制

教育实施的具体机构（主要为各级各类学校、幼儿园等）与一定的制度规范相结合，形成了学校教育体制。它包括学校的任务、入学条件、修业年限、课程内容、培养目标等方面，如现在基础教育学制通行的是"六三三制"。

（四）教育管理体制

教育管理机构与一定的制度规范相结合，就成了教育管理体制。教育管理体制所要回答的问题包括：一个国家的教育管理权力如何确立和划分、中央和地方各自设置哪些教育管理机构，这些机构之间的隶属关系怎样，一个国家对教育的管理总体上是集权管理还是分权管理，具体的教育机构里面管理层级和权限怎样安排，等等。其中还可以依据教育管理机构的不同，进一步分出宏观和微观的两部分，即教育行政体制与学校管理体制；也可以依据教育管理不同的内容，而分解出各有所指的子概念，如领导体制、教育财政投入体制、办学体制、办园体制等。

1. 教育行政体制

教育行政机构与一定的制度相结合，被称为教育行政体制。如中央集权制、地方分权制等教育行政体制，反映一定国家或一定地区内的宏观、微观层面上的教育管理的形态，以及国家管理教育的部门机构的设置、隶属关系和权限的划分等。

2. 学校管理体制（含幼儿园管理体制）

学校内部的管理组织与一定的规范制度相结合，就形成了学校管理体制，如我国现阶段推行的校长负责制。学前教育机构包括师资培养机构和实施学前教育的幼儿园，所以对于师范院校来说，就是学校管理体制，而幼儿园则直接表述为幼儿园管理体制。

二、中外学前教育管理体制

根据上文对于"体制"的描述，我们能较清晰地解读出学前教育管理体制的含义，它是学前教育管理机构与规范管理机构正常运转的制度的总称。

（一）学前教育管理体制概念

学前教育管理体制是指学前教育管理系统的结构和组成方式的统一体，它涉及学前教育系统的管理机构设置、职责范围、隶属关系、权力划分和运行机制等方面。具体地说，它规定中央、地方、部门和具体学前教育机构各自的管理范围、权限职责、利益及其相互关系准则等。权力是管理体制的根源。

学前教育的管理体制间接反映国家的学前教育理念，其内涵是以权力为核心而配置的关系网络，其外延包括学前教育领导体制、办园体制、投资体制、园长负责制等为核心的一系列教育制度。换言之，在学前教育管理体制中，还可以细分出以上的一些更具体的类别。

（二）我国当前的学前教育管理体制

为了更全面认识当前我国的学前教育管理体制，我们可以从不同角度进行思考。

1. 宏观的学前教育行政体制

（1）从理论层面看：中央与地方合作制。我国现阶段的学前教育管理体制是中央与地方合作制。中央与地方合作制又被称为综合型的教育行政体制，指在教育行政权力的划分、行使等方面，既不是严格的中央集权，也不是绝对的地方分权，而是强调由中央与地方合作共同办好教育。这种体制克服了单纯的集权制和分权制的不足，综合了两者的优势，既有利于国家教育事业的平衡与协调发展，又注意适当授权给地方，有利于调动各地办教育的积极性，能较顺利地取得良好的教育效益。对于学前教育而言，中央与地方合作的行政体制同样具有以上优势。

（2）从政策层面看："地方负责，分级管理"的体制。在我国，学前教育归属于基础教育。1985 年中共中央在《关于教育体制改革的决定》里指出，基础教育管理权属于地方，中央负责决定基础教育的大政方针和宏观规划，而具体的政策、制度、计划的制订和实施，以及对中小学幼儿园的督导评估等一系列责任和权利都交给地方政府及其教育主管部门。省、市（地）、县、乡分级管理的职责怎样划分，也由省、自治区、直辖市决定。因此，从教育体制改革之初，我国学前教育就随着基础教育一起，施行"地方负责、分级管理"的体制，随后这一管理体制又得到发展。1987 年国务院办公厅转发的国家教委等 9个部门《关于明确幼儿教育事业领导管理体制职责分工的请示》中提出，幼儿教育事业实行"地方负责、分级管理"和有关部门分工负责的原则。

应该指出的是，这一体制从字面上看来是地方分权制，但是基于我国的国体和政体，在理论上和实践中都不可能采用类似于美国那样的地方分权制。如基础教育教学大纲、统编教材、中小学基本统一的开学日期、高考制度等，多年来都是全国统一的，国家对教育管理的影响广泛而深刻。该体制中强调地方负责，原意是打破以往我国教育上中央权力较大的局面，应当适当分权给各地，以便调动地方管理教育的积极性和创造性，提高教育管理的效能。地方实质上是代表国家意志，履行管理教育的职责，本质上还是中央与地方合作制。

目前，从宏观上看，我国学前教育管理体制基本形态是：各级政府对学前教育统筹协调，教育部门主管、分级管理、各有关部门分工负责相结合。

2. 中观的幼儿园办园体制

当前，有关政策文本、专业文献中常出现"幼儿园的办园体制"这一高频概念。例如，当前我国很重要的教育政策《国家中长期教育改革和发展规划纲要（2010—2020 年）》里面明确指出："到 2020 年，要在我国基本普及学前教育。学前教育对幼儿身心健康、习惯养成、智力发展具有重要意义，而要积极发展学前教育，就必须明确政府职责，把发展学前教育纳入城镇、社会主义新农村建设规划，建立政府主导、社会参与、公办民办并举的办园体制。"

3. 微观的幼儿园管理体制：园长负责制

学校内部的管理组织与一定的规范制度相结合，就形成了学校管理体制，如我国现阶段推行的校长负责制。学前教育机构，既包括师资培养机构，也包括大量实施学前教育的幼儿园。所以，所谓管理体制，对于师范院校来说就是学校管理体制，而对幼儿园则直接表述为幼儿园管理体制。幼儿师范类院校的学校管理体制与其他学校管理体制的含义一致，要求趋同，如实行校长负责制。而幼儿园是相对特殊的教育机构，其中的管理体制难免有些特殊，比如，幼儿园内部实行园长负责制。因此，我们在这一节谈微观的学校管理体制，就聚焦到幼儿园管理体制这一点上。

幼儿园管理体制是幼儿园的管理组织层次、责任权限、相互关系与支持幼儿园正常运转的制度的综合体。它是学校管理体制的特殊形式。在我国，当前幼儿园的管理体制主要是"园长负责制"。园长负责制是一个结构概念，反映园内领导关系的结构方式，明确了园长对幼儿园工作具有最高行政权，但同时应该受到幼儿园内正式组织的监督。实行园长负责制的目的是增强幼儿园的办园自主权，使幼儿园成为独立的办园实体。园长作为一园之长，作为幼儿园的法人代表，对外代表幼儿园，对内统一指挥和领导全园工作，对上级承担幼儿园管理的全部责任。为此，园长要遵纪守法，服从上级教育行政部门和幼儿园主办方的领导，与此同时，必须接受幼儿园党组织和教代会的监督，从而更好地管理幼儿园。

（三）国外部分国家的学前教育管理体制

在发展学前教育的国家中，管理体制是客观存在着的，无论主观上是否认识到它。国外一些国家的学前教育管理体制具有动态化、多元化特征，包含的内容很多并且较复杂，这里仅介绍部分国家学前教育管理体制的显性内容。

1. 美国

（1）学前教育行政体制：地方自主模式。美国是典型的联邦制国家，学前教育的管理体制是地方自主模式，各州享有充分的学前教育发展自主权，各州之间学前教育的发展，除了学前一年（5~6 岁）的幼儿园全美相仿以外，其他方面的儿童早期教育存在一些差异。联邦政府的作用主要是间接的和扶持性的，比如每一届政府执政期间提出的学前教育的理念、国会通过的部分著名法令（如《提前开端法》《不让一个儿童落后法》等），对各州不具有真正意义上的管控力，而更多是通过项目合作、拨款奖励、竞争机制等方式间接地促进州政府推进和实施。

（2）办园体制：非常多元化。在美国，办园体制的多元化十分明显，形成了多样化、多渠道办园的格局。幼教机构种类繁多，包括幼儿园、全日托中心、"提前开端"项目学前教育中心、幼儿学校（蒙台梭利学校是其中比重很大的一种）和幼儿家庭教育组织等。机构有公立和私立两种，通过政府代理人提供经费并管理的学前教育机构不到20%，超过80%的学前教育机构是个人、企业团体或教会机构申办并管理的，他们的办园经费来自孩子家长所付的学费。私立学前教育机构的设立由申请人向所在地的州政府提出申办计划（其中包括办学场地、规模、开班经费和申请人所具有的学前教育专业背景等），并缴纳申办费和获得营业执照。美国的私立学前教育机构大多由当地政府的教育局和卫生局等部门监管。

（3）幼儿园管理体制：园长自治。在具体的学前教育机构中，基本上实行园长负责制（鉴于美国学前教育机构名称繁杂，为便于表达，统一称它们为幼儿园，但是一定要注意美国人说的幼儿园不同于我们国家的幼儿园）。美国大多数幼儿园的规模都不大，工作人员也不多，所以管理人员更少，多数情况下是一人兼多职。幼儿园园长主要负责幼儿园的内部管理，如日常事务的处理、教学活动的开展、人员的管理等。幼儿园有比较大的办园自主权。

2. 英国

（1）学前教育行政体制：中央与地方均权模式。英国与美国一样，将5~6岁儿童的学前教育纳入义务教育，是国家公共教育管理系统的重要组成部分。现行行政体制为中央与地方均权模式的学前教育行政体制。英国在早期比较侧重于强调地方政府的自主权，中央政府的领导和管理权力有限，后来逐渐地发现问题，并进行及时调整。其中央政府加强了对学前教育发展的统一管理，并颁布了一系列重要政策，如1998年的"国家儿童保育战略"、2003年的《每个孩子都重要：为了孩子的变化》、2006年的《儿童保育法》等。通过这些来加强中央政府对学前教育的领导，并改善了国家对儿童教育的领导机构，2007年将原有的教育和技能部分为两部，其中，新成立的儿童、学校与家庭部主管学前教育事业。

英国的学前教育在宏观管理体制上实行国家、地方、学校三级管理，国家负责制定幼教方针、政策、法规、制度，地方负责国家政策法规的贯彻执行，与此同时，机构的设立、经费补助和教师聘用等也主要由地方教育行政当局负责管理。

（2）办园体制多样化。英国的学前教育机构多种多样，不过与美国类似，主要可归为两大类。第一类是属于义务教育体系的机构，主要招收5岁以上学前儿童，具体有幼儿学校和幼儿班，附设在小学中的保育学校（Nursery school）和保育班。第二大类是不属于义务教育的学制外的机构，主要招收5岁以下幼儿，如全日托中心、"确保开端"儿童中心、学前班、居家保育及游戏小组等，分别由社会福利部门、教育部门、私人或民间团体举办。

（3）校长负责学前教育机构的经营管理。学校由管理委员会聘任校长负责日常事务的具体管理，具体事务的处理由工作人员递交到校长处，经他允许后才可执行。校长除负责日常事务外，还负责幼儿学校等机构内工作人员的管理，包括岗位安排、奖惩、考核等。校长有权解聘不负责任的员工，有权奖励表现成绩优异的员工。

3. 俄罗斯

学前教育是俄罗斯国民教育体系的基础和有机组成部分。实施学前教育的机构有托儿所、幼儿园以及托幼混合的一体化机构，除此之外，还有非传统的教育机构，如幼儿园、小学联合体，幼儿园、小学、中学联合体等。在幼儿园，园长是最高行政领导，一切工作都由园长来指挥。前苏联解体前，幼教行政管理主要体现为国家对学前教育事业的统一领导与集中管理。前苏联解体后，俄罗斯学前教育在很多方面发生了变化，主要表现为：一是在性质、目标和管理体制方面，从把学前教育作为国家的公益和福利事业，实行高度集中统一的管理（包括教育目的与内容的高度统一管理），转变为给联邦和学校更多自主权，教育面向社会和市场，实行民主化管理，教育内容与方法趋向民主化；二是在教育财政和经费渠道方面，从实行单一的国立教育系统，由国家包办教育，注重学前教育普及化和普遍化，转变为促进办学主体多元化，建立非国立教育机构和家庭教育系统，实现经费来源多渠道，重视教育的个性化和家长的需求与选择；三是在教育的功能上，以往过分突出政治性而民族色彩淡化，现今各民族都开始复兴自己的文化，俄罗斯传统文化在学前教育内容中的地位日渐增强，甚至教会也开始介入教育。

4. 日本

日本的学前教育属于非强制性教育，但是在管理上受到国家法律和教育行政机关的保护。学前教育机构包括保育所和幼儿园，分别有私立、公立及国立等办学类型。幼儿园与保育所实施二元化管理，即幼儿园由文部省管理，属于学校体系，受《学校教育法》的制约，招收 3~6 岁儿童，主要任务是教育；保育所则由厚生省管理，具有福利性质，受《儿童福利法》管理，招收 0~6 岁缺乏保育条件家庭的幼儿，主要任务是保育，收费低廉，国家给予较多的公费补贴。当前，日本的教育行政管理由战前的极端集权制逐步趋向合作的形式：中央即文部省和地方公共团体两级管理系统，在中央指导下实行地方分权制。国立、公立及私立学前教育机构的经费分别来自于国家、地方政府及办学团体或个人。一般来讲，私立幼儿园的规模比国立、公立的要大，收费也相对较高。日本政府除直接拨款资助国立幼儿园外，还通过减免税收、提供园舍设备完善费等方式对私立幼儿园予以扶持。

日本的私立幼儿园管理具有鲜明特点，主要体现在以下两个方面。

（1）管理网络清晰。私立幼儿园的管理网络以注重效益为原则，所以幼儿园的人员精干，职责分明，管理层次清晰。

（2）实行园长负责制。私立幼儿园通常只设一位园长，不设副园长，实行园长负责制，对教师实行聘任制。当一名教师不能很好地胜任工作时，园长有权解聘。如果教师工作出色且认真负责，园长在年底也会依据一系列考核结果给予年终奖，奖励金额的多少由园长决定。当然，教师也可以"跳槽"，但由于日本教师供大于求，往往一个岗位会有三四名具有短期大学幼教专业学历的毕业生来竞争，所以跳槽的现象不多。幼儿园每年更新、添置设备的决定权也在园长。因此，园长对于人、财、物都有决定权。私立幼儿园实行的是真正的园长负责制。

值得一提的是，在一些论述中，学前教育管理体制有时也被称为幼儿教育管理体制，在很多时候，更侧重于指宏观层面的管理体制。

第二节　学前教育管理体制的功能与影响因素

在讨论了管理体制的相关概念、了解到国内外学前教育管理体制的现状之后，应该进一步挖掘其深一层的内容。应该思考：有学前教育事业的国家，其客观存在的学前教育管理体制具有什么样的功能？能发挥哪些作用？体制是否会变化？有哪些因素会影响到管理体制的改变呢？

一、学前教育管理体制的功能

功能是指事物或方法所发挥的有利作用，也可被称为效能。学前教育管理体制的功能，是指合理、有效的管理体制能发挥怎样的有利作用。行政的范畴大于体制，因此，体制的功能有别于行政的功能。

（一）权力分配功能

学前教育管理体制要解决中央与地方之间、教育主管部门与幼儿园之间、幼儿园开办者与管理者之间多层次管理机构的关系。这些关系归根到底是权限、责任与利益的关系，适合于一定国家和社会的学前教育管理体制，能让参与学前教育的每一层管理机构都按照明确而严格的规则办事，明确各自的权利与义务关系，调动每一方面的积极性，以此为前提，保证学前教育事业的顺利开展。

以微观的幼儿园管理体制为例，权力的分配功能同样存在。

一所幼儿园中存在的关系有：幼儿园与上级教育行政机关的关系；开办者与管理者的关系（有的私立幼儿园开办者与管理者相同）；幼儿园内部管理者与被管理者的关系。只有按照各方认同的规则处理幼儿园的事情，才能确保幼儿园保教活动正常有序地开展，不至于产生混乱。而俗话中的"行规"离科学化程度较高的术语"管理体制"或许只有一步之遥。

（二）分工协作功能

学前教育管理体制中涉及的责任范围的划分直接关系到分工。分工不是目的，分工是提高管理效能的手段，是为了保证整体中的每一部分得到有针对性的管理。与此同时，学前教育管理工作各部分之间，无论是垂直的层级，还是横向的相关部门都存在联系，需要协调起来、彼此合作，才能将学前教育管理好。教育管理体制含义本身就包含分工协作的意思，所以管理体制能体现出分工协作功能。

在幼儿园中，管理体制的这一功能同样能得到反映。

幼儿园是一个由多种专业人士组成的教育机构，设置了不同的层级和部门，分别由具有不同权力、责任的人员在不同的岗位司职，这就存在分工与合作的需求。幼儿园的管理体制通常会将这些分工与协作关系以制度规范的方式做出明确的界定，以便使各种权利在幼儿园机构中发挥其应有的作用。比如，我国当前实行的园长负责制，若仅望文生义，会认为就是园长一人决定一切，不存在分工合作关系，其实不然，其中也含有多重分工与合作。园长要全面负责管理幼儿园，同时党组织要保证监督，全体教职员工要民主参与管理活动，这样就构成了三位一体的协作关系。由正、副园长组成的管理层，也会进一步明确分工，分工同时要合作，确保工作顺利开展。

（三）领导指挥功能

相对于管理学前教育的其他制度，学前教育管理体制是牵一发而动全身的，其领导指挥能力是很突出的。其中，在宏观行政体制方面，确定了国家管理学前教育的主管部门，也指出由各有关部门分工负责，而这些部门里相关工作人员的主要职责就是引导辖区内的学前教育工作健康发展，出现矛盾时领导们要予以指挥协调。

幼儿园无论大小，要想正常地开展幼儿教育工作，也需要一个领导核心。园长作为幼儿园的最高行政人员，对本园的发展负有主要责任，具有决策权、指挥权。有责任人，遇事便有主心骨，易于领导全体职工团结一致努力工作。与此同时，园长是本园发展的决策者，所以园长的指挥有利于带领全体职工切实实现幼儿园的管理目标。

（四）提高效率功能

形成一定的学前教育管理体制的目的何在？自然是为了最大限度地提高学前教育的质量和管理效益。提高效率、追求效益是管理活动的根本宗旨，而前面的三项功能最终也是为提高效率而服务的。每当社会条件发生变化后，学前教育管理体制也会随之变化，以适应新条件下提高教育质量和管理效益的需要，所以才会有学前教育管理体制改革之说。为什么要改革？实质上是因为旧的体制已经不能完全适应和促进学前教育的发展，需要一些新的体系和制度来激发人们投身学前教育的积极性和效率。可以说，提高效率是管理体制的一项核心功能。离开了效率，学前教育管理体制也就失去存在的价值。

二、影响学前教育管理体制变化发展的因素

事物的发展是有其内因和外因的，而学前教育管理体制的变化发展同样受到内外部多

种因素的制约。

（一）受国家政治体制的影响

教育历来是受制于政治而存在和发展的，而幼儿教育作为教育中的一部分，也必然受到政治因素的影响。幼儿园这一类教育机构的性质、目的、任务和经营管理方式无不与国家的政策导向有关。如在幼儿园的发展速度、规模和开办模式上，中华人民共和国成立之初就曾产生过一次大跨越。中华人民共和国成立后，社会主义制度确立，提倡男女平等，妇女参加社会生产劳动成为历史的必然，相应地为解除家长工作之后的后顾之忧而建立的托儿所、幼儿园大量涌现。基本上，各级机关、教育局、军队、企事业单位、街道等，纷纷设立自己的托儿所或幼儿园，接受适龄儿童入托、入园，数量从旧中国的一千多所幼稚园快速发展为数以万计的托幼机构。这个历史阶段的幼儿园的办园体制基本上是一元化：公立、福利性质突出，园长和党支部书记配备整齐等。从中华人民共和国成立至改革开放之前，我国发展学前教育所依托的社会背景是社会主义公有制基础上的计划经济时代。在这种环境中，政治权力集中，社会观念单一，人们习惯于听从上级的号召和指挥而开展各项工作。所以，过于集权化的学前教育管理体制适应了当时的现实需求。

1985 年，《中共中央关于教育体制改革的决定》明确提出"把发展基础教育的责任交给地方"，由此揭开了我国教育体制改革的序幕。幼儿教育体制的改革更是活跃，因其不属于义务教育序列，兼具较明显的福利性，所以社会各界参与开办幼儿园的积极性高，可行性大。所以，幼儿园的开办形式呈现出多元化的格局，其管理体制的变化明显。

（二）受社会经济状况的影响

一个社会的经济发展状况，既为教育的发展提供了可能，也会影响教育的具体内容。在计划经济时期，幼儿园的兴办和发展高度依赖政府，然而，自 20 世纪 80 年代中期以来，我国的经济体制发生了极大的变化，特别是 20 世纪 90 年代后，确立了社会主义市场经济体制，这对我国的教育管理体制触动很大，学前教育管理体制出现了前所未有的变化。20世纪 90 年代以后，我国许多地方出现了新型的幼儿园办园体制，如青岛企业幼儿园的承办制、联办制，温州的股份制幼儿园，上海和南方多地的幼儿教育集团化管理，内蒙古的流动幼儿园等机制灵活的幼儿园，以及大量的民办幼儿园等。逐渐的，幼儿园的办园格局发生了巨大的变化，一改过去一统天下的公立办园模式，幼儿园的发展迎来了前所未有的机遇，与此同时，国家对幼儿园的管理也面临新的挑战。无论是理论界还是教育行政部门都纷纷关注学前教育管理体制的一系列问题，因为管理体制在学前教育发展中起着"龙头"作用，其合理性和有效性在很大程度上决定着学前教育发展的水平。

显然，上述变化是深受社会的经济发展的影响的。在政策的鼓励下，只有当想兴办幼儿园的社会人士具有必备的资金时，其投资兴办幼儿园才会成为可能。自十一届三中全会以来，社会所积累的经济效益以及人们苏醒的经营意识，已然成为影响学前教育管理体制发展变化的重要因素。

（三）受国家教育和文化传统的影响

幼儿园教育是一个国家教育体系中的重要环节，学前教育管理体制的变化发展，难免会受到国家整个教育环境变化的影响。教育和文化的传承又有无法分割的密切联系，文化传统对人们观念和行为的影响是深刻的。例如，我国历史上对"兴教"是给予了极高的评价的，认为一个人"办学堂"是功在千秋的善举。当代的中国，计划生育政策的推行，影响着家庭存在方式和价值取向，进而形成了我国特有的儿童教育文化背景，而它对幼儿园的管理也产生了深刻的影响。

（四）受国际教育改革潮流的影响

随着全球经济一体化进程的影响，世界各国间教育正日益成为一个开放的系统，相互之间的交流日益频繁，取长补短的趋势越来越强，彼此间的影响也越来越大。其中，除研究他国的教育内容、教育方式等细节外，人们也积极地吸取其他国家教育管理体制改革的经验引为参考，以弥补本国教育管理方面的不足。如过于依赖分权制管理的教育机构，认识到集权制的某些优势，因而加强改革；而惯于集权管理体制的教育机构也审时度势地适当分权，以求更好地调动各方积极性，高效地促进教育事业的发展。我国的学前教育管理体制就是后一种取向。

（五）与管理主体有关

从总体上看，学前教育管理体制受上述各种客观因素的影响极大，但是也不能否认管理主体在其中所起的作用，因为不同的管理者对同样的社会制度、管理环境和管理对象所做出的反应会不尽相同。学前教育管理体制的改变和确立，同管理者自身的政治意识、学识修养、业务能力等内在因素有着不可分割的关系。

以上分析的制约学前教育管理体制改革的诸因素，相互联系并综合作用，从而对教育管理体制改革产生影响。

第三节　我国学前教育管理体制的变革

我国的学前教育管理体制有其历史发展的演变过程和延续性。温故而知新，回顾我国学前教育管理体制变革的历程，能使我们更好地理解和把握当前管理体制的宗旨。下面分别介绍学前教育行政体制、幼儿园办园体制和园长负责制三者的变革。

一、我国学前教育行政体制的沿革

教育行政体制是教育行政组织机构及其运行制度的结合体。从这一视角出发，结合上述对我国学前教育行政机构设置、法规制度发展的分析，以及学前教育发展的历史过程，不难考察出我国学前教育行政体制的形态特征。

中华人民共和国成立 70 多年来，学前教育行政体制经历了两种形态：

（一）中华人民共和国成立至 20 世纪 80 年代中期以前：中央集权型的学前教育行政体制

从中华人民共和国成立至 20 世纪 80 年代中期，基于当时我国政治、经济、文化等实际形态，与当时的国家的教育大政方针相适应，我国学前教育事业是在中央集权的体制中发展的，学前教育的最高管理权集中在国家政府的有关部门中。中华人民共和国成立之初，我国发展学前教育的主要目的之一是为家长参加社会主义建设解除后顾之忧，所以让孩子有托儿所和幼儿园可上是头等大事。当时，独生子女政策还没有推行，一个家庭往往有多个子女。20 世纪 50 年代开始，国营企事业单位、部队、厂矿企业、街道等开办了为自己单位职工服务的托幼机构。公有制经济决定着开办的托儿所、幼儿园都是公立性质的。托幼机构微观管理模式单一化现象明显，国家颁发的幼儿教育方针、指南、大纲等，规范着全国各地幼儿园、托儿所的运营模式。

1978 年召开了党的十一届三中全会之后，我国实行改革开放国策，不过教育领域的改革，尤其是学前教育的改革略为滞后。那一时期的社会环境和人们的思想观念，为学前教育行政体制打下了深深的烙印，整个学前教育行政体制表现为中央集权的模式。

（二）20 世纪 80 年代中期以后：中央与地方合作型的学前教育行政体制

自 20 世纪 80 年代中期以来，随着我国各行业的改革不断推行，教育体制的改革势在必行，而作为基础教育的有机组成部分，学前教育的管理体制也逐步确立和完善起来。

1985 年，《中共中央关于教育体制改革的决定》明确提出了"把发展基础教育的责任交给地方"。中央负责决定基础教育的大政方针和宏观规划，而具体的政策、制度、计划的制订和实施，以及对中小学幼儿园的督导评估等一系列责任和权力都交给地方政府及其教育主管部门，这是我国改革中央集权的教育行政体制所迈出的重要一步，体现了中央向地方的适当授权，对于调动地方办教育的积极性和因地制宜地发展全国各地的教育，具有较大的促进作用。作为基础教育的一部分，学前教育也不可避免地置身于这种中央与地方合作办教育的背景之中。

1987 年，国务院办公厅转发国家教委等 9 个部门联合制定的《关于明确幼儿教育事业领导管理职责分工请示的通知》。该通知明确指出："幼儿教育事业必须在政府统一领导下，实行地方负责、分级管理和有关部门分工负责的原则。"1989 年，经国务院批准，国家教委颁布的《幼儿园管理条例》又以法规的形式将这一体制确立下来。这种中央与地方合作发展学前教育的体制，比较符合我国经济、文化发展不平衡的国情，它既能使学前教育事业遵循统一的方针政策发展，又注意到各地方的特殊性，发挥各地的主动性、灵活性，从实际出发采取多样可行的方法、措施，发展各地的学前教育。

我国学前教育事业在上述基本原则的指导下，呈现出了丰富多彩、蓬勃发展的局面。譬如办园渠道多样化，不仅各级政府、教育行政部门主办幼儿园，更动员和依靠单位、群众团体及公民个人等社会力量来兴办幼儿园；不仅有全民性质以及集体性质的公立幼儿园，更有许多公民个人举办的私立幼儿园、股份制幼儿园、中外合资或独商独资的幼儿园等，甚至一些企业、团体开办的较有历史的幼儿园也逐步转制为国有民营。

与此同时，幼儿园内部的教育教学活动也从以往课程标准统一化、活动模式单一化向灵活多样化趋势发展。《幼儿园工作规程》试行后，国家鼓励各省市根据当地的幼儿教育发展水平和实际出发，在贯彻国家幼儿教育根本目标的前提下，制定、推行地方性的工作细则、课程方案、教材教参。至此，20 世纪 70 年代开始使用的全国幼儿园统编教材不再被用作唯一的教材，而成为教学参考书之一。南京、北京、浙江、湖北等省、市相继编制了具有明显的地方特色的幼儿园教材，进而有效地促进了各地幼儿教育的发展。

中央与地方合作发展学前教育的体制，最大的作用在于能充分调动地方和各有关部门的积极性，共同建设和管理幼儿园。这一体制的转变给学前教育带来了多方面的变化，使得我国的学前教育的理论研究和实践探索呈现出前所未有的活跃态势。

在我国，教育上的中央集权与地方分权相结合，实践时间相对较短，一直在"摸着石头过河"，加上政治和文化的传统因素，人们在思想观念上对国家的依赖感是较重的，故而，这种体制的融合过程会相对漫长些。学前教育在集权与分权之间也难免产生碰撞，然而实践证明，两种体制的优势能在一定程度上互补。

二、幼儿园管理体制

幼儿园管理体制是幼儿园内部管理组织与相应的制度规范的结合体。我国幼儿园内部的管理组织是以园长为中心的一个团队，经过多年的发现，现今已公认园长负责制是幼儿园管理体制的核心内容。作为微观的学前教育机构内部的领导体制，园长负责制有其渊源和特定含义。

（一）园长负责制的依据

1985 年 5 月，《中共中央关于教育体制改革的决定》中第一次提出："学校逐步实行校长负责制，有条件的学校要设立由校长主持的、人数不多的、有威信的校务委员会，作为审议机构。要建立和健全以教师为主体的教职工代表大会制度，加强民主管理和民主监督。"在我国，幼儿教育是我国学制的基础阶段，是基础教育的重要组成部分。发展幼儿教育对于促进儿童身心全面健康发展、普及义务教育、提高国民整体素质、实现全面建设小康社会的奋斗目标具有重要意义，因此，在机构内部管理体制上，幼儿教育与基础教育是一致的。中小学实行校长负责制，幼儿园实行园长负责制。

1989年8月20日国务院批准由国家教委颁布《幼儿园管理条例》。该《条例》第四章第二十三条中提出，"幼儿园园长负责幼儿园的工作"。1996年6月1日起正式实施的《幼儿园工作规程》中，又一次提出"幼儿园要实行园长负责制"。这就以法规的形式进一步明确了幼儿园的内部领导体制是园长负责制。实行园长负责制给园长充分的人、财、物自主权，从而充分调动园长管理幼儿园的积极性、主动性，有利于加强幼儿园的管理工作，增加办园活力。

（二）园长负责制的含义与作用

1. 园长负责制的含义

园长负责制有着特定的含义，它是以园长责任和职权为主要内容的园内管理体制之一，它包括上级领导、园长负责、党支部保证监督、教职工民主管理四个相互关联又互有区别的组成部分，目的是建立起统一高效的园内指挥系统。园长负责制明确了园长对园所工作具有最高行政权，园长有决策指挥权、用人权、用财权与奖惩权等，在幼儿园中处于中心地位。目前，我国大多数托幼机构实施园长负责制的管理体制，这意味着园长是幼儿园等托幼机构的行政负责人，是园所的法人代表。园长对内全面领导保育、教育和行政工作，对全体教职工、幼儿负责；对外代表幼儿园，向举办者、幼儿家长及社区负责。另外，党的领导是正确实行园长负责制的保证，教职工参与管理，也有助于完善园长负责制。

2. 园长的产生方式和权限

目前，国内大多数城市幼儿园的办园形式主要包括教育部门办园、政府机关办园、企事业单位办园、集体办园、民办园等。

其中，无论是公办幼儿园还是民办幼儿园，园长的产生方式主要呈现出两种：幼儿园主办者直接任命；园内推荐评议然后由幼儿园主办者任命。目前基本上没有任期的硬性规定，不少园长是终身制的，能上不能下。基本上还未出现规定好任期、到期自荐竞选而产生园长的方式，当然，任何产生方式都难免有利有弊，这个另当别论。

3. 幼儿园园长负责制的作用

二十多年的实践证明，园长负责制是适应幼儿园管理实际的，是一种有效的领导制度。它作为行政首长领导责任制的一种具体实践形式，能够充分地体现科层组织在管理运作中的某些优势，尤其是组织权力、个人责任与管理制度的效能可以得到充分体现和发挥。它既保证了党的路线、方针、政策在幼儿园的贯彻落实，又使园长的领导作用得到了充分发挥，同时也调动了教职工参与幼儿园管理工作的积极性，提高了幼儿园的办园质量以及社会效益。

但是，任何一种领导制度与管理方式的形成都有其特定的历史条件或历史局限性。园长负责制在具体实施的过程中，也会受到社会政治、经济发展、幼教事业整体水平、管理者素质等方面因素的影响和制约，从而出现一系列问题。

第六章　幼儿园人力资源管理

第一节　幼儿园保教队伍的选聘与任用

一、保教队伍的素质

提高幼儿教师素质、加强保教队伍建设是办好幼儿园、提高服务水平的关键。保教队伍应具备如下素质。

（一）教师应具备的素质

1. 拥有高尚的职业道德。热爱幼教事业，对幼儿充满爱心，对教育充满热情。

2. 身体健康，形象良好。教师只有身体健康，才能全身心地投入教学工作中。孩子们喜欢举止大方、亲切活泼、穿着得体的教师，因此，教师要严格要求自己，注意自己的仪表和言行举止，塑造良好的自身形象。

3. 现代化的教育观，科学的儿童观。现代化的幼儿教育观念符合社会发展对幼儿教育的根本看法和态度。它涉及幼儿教育的价值观、目的观、课程观、教学观、评价观等观念。幼儿教师必须树立现代的教育观和科学的儿童观。

4. 较高的教育技能。幼儿教师应充分重视教育技能，并通过多种途径加以提升。教育技能主要包括了解幼儿、创设环境、组织教育活动、与幼儿和家长的交往等。

5. 健康的人格和品德。幼儿正处在个性形成时期，可塑性最大，模仿性最强，且教师在他们心目中具有相当高的威信，幼儿教师的人格对幼儿的影响尤为重要。这就要求幼儿教师必须具有健全的人格特征和高尚的品德，并体现在具体的行动中，以言传身教为孩子做出表率。

（二）保育员应具备的素质

保育员应具备如下素质。

1. 较高的职业道德水平。保育员要有坚定的职业信念，要热爱自己的职业，并且有职业自豪感；保育员要有爱心和责任心，有爱心才能真正做到处处为幼儿着想、理解幼儿，从而促进幼儿的健康成长；高度的责任心是促使保育员尽心尽责做好工作的内在动力。

2. 身心健康。保育员要想在高质量地完成本职工作的同时，能以充沛的精力、亲切的态度照顾好幼儿，拥有健康的身体是关键。保育员还需要拥有健康、积极的心理品质。保育员的心理品质，如自信、情绪控制等，不但影响幼儿园保育工作的正常运行，而且还影响着幼儿的性格形成和心理成长。

3. 较为丰富的科学文化知识。合格的保育员要有教育、卫生保健、营养以及法律等方面的知识，这些科学知识是指导保育工作的理论基础。

4. 先进的保教观念。保教观念主要包括儿童观、保育观和教育观。第一，保育员应和幼儿教师一样，树立科学、正确的儿童观和教育观。第二，保育观是指保育员对保育工作内涵的认识，它决定了保育员对保育工作的基本态度和行为活动。

5. 具有较高的专业技能。保育工作技能是保育员开展保育活动必备的素质。保育员的技能操作主要包括清洁消毒、生活管理、配合教育活动、安全工作等。

二、保教队伍的选聘与任用

保教人员的选聘和任用影响着幼儿园内部风气与人际关系的形成，关系着管理效率的高低，并最终决定着保教质量。因此，幼儿园管理者在选聘员工时，除了执行相关规定之外，还应遵循以下现代管理的用人理念和科学的用人原则。

（一）按需设岗，因岗用人

幼儿园管理者在招聘保教人员之前，首先要做岗位分析，其次根据幼儿园的实际情况，对岗位的工作内容、要求和任职者应具备的基本素质和条件加以分析，选择合适的人员来承担相应的工作，切忌因人设岗，让工作迁就个人的需要，导致人浮于事、工作效率低下。

（二）用人唯贤，重视绩效

幼儿园的工作需要有能力和才干的人，只要其在实际的工作中取得了良好的业绩，不论其年龄、资历如何等，就该大胆启用、委以重任，使其最大限度地施展才能。在保教人员的选聘和任用中要坚决克服和避免感情用事、不坚持原则等现象。

（三）用人不疑，委以责任

用人不疑，就是要充分信任选聘的职工，相信他们有热情、有能力做好自己的本职工作。职工受到信任，就能体会到自己的价值，会加倍努力工作，以回报幼儿园管理者。

委以责任就是幼儿园管理者根据幼儿园实际情况分配工作给职工。幼儿园管理者应给予职工一定的权力，且尊重职工的自主权，充分发挥职工的积极性、主动性，使其产生强烈的责任感和使命感，以此促进职工的工作热情和动力。

（四）用人之长，避其所短

扬长避短是用人的一项基本原则。幼儿园管理者首先应该充分了解职工的优势特长和缺点不足，然后把职工的特点与岗位要求进行吻合度分析，如果其长处占优势，且其长处正是岗位必需的，其缺点又不会影响工作，就可以大胆选用，切忌任人唯亲、求全责备。

（五）优势互补，结构合理

一个组织的效率如何，不仅要看个体的素质，还要看组织成员组合的科学性。幼儿园管理者要根据保教队伍的个人气质和能力等个性特点组建班组，进而提高工作效率。

（六）建立动态的用人机制

人员的任用应该是一个动态的过程。幼儿园建立动态的用人机制，一方面可以优胜劣汰，使职工时刻有危机意识，从而促使其不断提高；另一个方面可以为职工提供经验的机会，使职工在不同的岗位上得到锻炼、获得提高，并找到适合自己的最佳位置。

第二节 幼儿园保教队伍的考核与激励

一、保教队伍的考核制度

保教队伍绩效考核是通过系统的方法、原理对保教人员的工作业绩、能力、岗位适应度等进行全面的观察、记录、分析和评价等。考核结果是幼儿园实施绩效改进、保教人员培训、人事调整、薪酬调整的依据。幼儿园保教人员的绩效考核包括业绩考核、能力考核和态度考核。业绩考核是对保教人员承担岗位工作的成果进行评定和估价；能力考核是根据岗位说明书规定的岗位要求，考核保教人员在岗位工作过程中显示和发挥出来的能力；态度考核的重点是考核保教人员工作的认真度、责任度、工作的努力程度，即工作干劲、热情、忠于职守和服从命令等方面的情况。

（一）保教人员绩效考核程序

保教人员绩效考核是一项非常细致的工作，必须按步骤进行。

1.科学地制订考核目标

首先，根据幼儿园目标以及保教人员工作计划中的可操作性绩效目标，并根据保教人员的岗位工作要求，确定工作要项；其次，将工作要项逐一分解，以完成工作所达到的、可接受的条件形成绩效考核标准，原则上要求其具体化、客观化、定时定量化；最后，绩效目标和标准应具有层次性，不宜定得过高，以确保保教人员经过一定努力就可以达到。

2. 评价实施

将保教人员工作的实际情况与考核标准逐一对照，评判绩效的等级。评价实施是绩效考核的中间环节，也是耗时最长、最关键的一个环节，直接影响到绩效考核的成败。此阶段主要的工作就是通过不断地绩效沟通、收集数据来形成考核依据，根据其中可信度高的数据对保教人员的绩效完成情况进行评价。常见的评价方式包括工作标准法、叙述评价法、量表评测法、关键事件记录评价法、目标管理法、强制比例分布法和配对比较法等。以上方法在具体操作过程中往往不可单独使用，而是几种方式混合在一起使用。

3. 绩效面谈

在现代人力资源管理中，没有反馈的绩效管理将失去存在的意义。为了改进和提高绩效，幼儿园管理者应当及时进行有效的考评结果反馈，开展与保教人员的绩效面谈。幼儿园绩效面谈是指幼儿园管理者根据周期绩效表现和绩效结果，与保教人员做一对一、面对面的绩效沟通，将保教人员的绩效表现通过正式的渠道反馈给他们，让保教人员对自己的表现有一个全面的认识，以便在下一绩效周期做得更好，达到改善绩效的提升。幼儿园管理者要明确面谈的主题，拟定面谈计划，预先告知保教人员面谈的时间、地点，收集各种与绩效相关的信息资料。采取"一对一"的面谈方式，与保教人员开诚布公地交换意见，求同存异，提高绩效考核的有效性和针对性。

绩效面谈为管理者和保教人员讨论工作、挖掘保教人员的潜能和拓展其发展空间提供了良好的机会。其次，面谈能够使幼儿园管理者更全面地了解保教人员的态度与感受，加深双方的沟通和了解。在绩效面谈中，管理者应当坚持面谈的针对性、真实性和及时性等，掌握绩效面谈的技巧，选择确定有理、有利、有节的面谈策略，根据保教人员的个性特点以及心理承受能力，采用灵活多变的绩效面谈方式，循循善诱，使保教人员认识到自己工作中的不足，鼓励保教人员积极发现和分析问题，即使有些问题难以达成共识，也应当允许保教人员保留自己的意见。幼儿园管理者应当充分发挥绩效面谈的作用，实现绩效管理的公开化，使保教人员以积极的心态对待过去，满怀信心地面对未来，努力工作。

4. 制订绩效改进计划

幼儿园管理者和保教人员在绩效面谈时，对于双方达成的共识应当及时记录下来。面谈结束后，双方要将达成共识的结论性意见、双方确认的关键事件或数据，及时予以记录、整理、总结，填写在考核表中。对于达成共识的下一阶段绩效目标也要进行整理，形成考核指标和考核标准。

5. 指导绩效的改进

幼儿园管理者要对保教人员的工作改进做出正确指导，并在精神上、物质上给予其必要的支持，保证保教人员工作的有效性。

（二）保教人员绩效考评策略

绩效管理是一种连续性的管理过程，既是对保教人员能力、工作态度的评价，也是对保教人员潜质的考查，更是对保教人员未来行为表现的一种观测。幼儿园管理者只有程序化、制度化地进行绩效管理，才能真正了解保教人员的能力，发现园所管理中存在的问题。

保教人员绩效优劣具有多因性，受保教人员的激励、技能、环境和机会等主客观因素影响，需要从多个维度去分析和考评。同时，保教人员的工作还具有动态性，绩效随着时间的推移会发生变化。管理者应该全面地、发展地、多角度地、全方位地考查保教人员的绩效，保证绩效考核的准确性和公正性。绩效考评的公开、公平、公正性将直接影响到考评的效果和保教人员对其的认可度，只有取得保教人员对绩效考核的认可，科学的管理才能顺利进行。

对保教人员进行绩效考核的具体方法有如下几种。

1. 上级考评

上级主管对被考评者承担着直接的领导、管理和监督责任，对下属人员比较熟悉、了解，而且在思想上也没有更多的顾忌，能较客观地进行考评。因此在绩效管理中，一般以上级主管的考评为主，可占总体评价的 50% 左右。

2. 同事考评

同事与被考评者共同处事、密切联系、相互协作、相互配合等，比被考评者的上级主管更能了解被考评者，对其潜质、工作能力、工作态度和工作业绩比较清晰，但是他们在参与考评时常受到人际关系的影响。所以，在绩效管理中，同事考评一般控制在总体评价的 20% 左右。

3. 家长考评

家长对被考评保教人员的工作作风、行为方式和工作态度有比较深入的了解，且有独特的观察视角，但他们对考评保教人员心存顾虑，容易导致考评的结果缺乏客观公正性，所以家长考评在总体评价中的比例一般占 10% 左右。

4. 自我考评

被考评者对自己的绩效进行自我考评，能充分调动被考评者的积极性，对那些以实现自我为目标的保教人员更显重要。但由于自我考评容易受到个人多种因素的影响，有一定局限性，因此在总体评价中一般占 10% 左右。

5. 幼儿考评

幼儿和保教人员朝夕相处，对教师的一言一行有深切的感受，但由于幼儿易把现实与想象混淆，使其考评结果的准确性和可靠性大打折扣。在实际考评中，采用幼儿考评要慎重，在总体评价中的比例一般不超过 10%。

二、保教队伍的激励

（一）保教队伍激励的含义

激励就是针对人的生理与心理需要，有计划地通过某些刺激引起其内部心理变化，使其行为反应有助于目标的完成。保教队伍的激励是指幼儿园管理者在幼儿园管理过程中，运用激励理论，有计划地对幼儿园保教队伍予以有效的刺激、引导与鼓励，以促进其发生内在心理变化，调动从事保教工作的积极性与创造性，进而提高保教质量和办园整体水平。

（二）保教人员的阶段性激励策略

1. 适应期（1~3 年）

刚走进社会的新保教人员在这一时期，一方面要面对自身角色转换的不适应，另一方面有着初为人师的兴奋。他们想把自己学到的技能全部运用到保教中，迫切想得到幼儿园各方面的认可、融入所属幼儿园，但现实与理想的差距，容易使他们产生无所适从感。在这个阶段，有两个因素对保教人员有重大影响：一个是富有挑战性的工作留给保教人员的"工作初期感受"，它有助于保教人员在整个工作生涯中增强旺盛的工作热情和竞争意识；另一个是鼓励保教人员向理想目标进发而产生的"工作初期抱负"，它有助于激发保教人员的工作积极性，使其在今后工作中不断获得成功。幼儿园管理者可以根据这一特点采取激励措施，帮助新入职的保教人员尽早进入状态。

（1）文化激励。幼儿园文化是一所幼儿园的灵魂，优秀的幼儿园文化能不断激励幼儿园教职工为幼儿园的发展而努力。对于新进保教人员，幼儿园管理者应帮助其认识自我，了解进而认同所在幼儿园的文化氛围，从而形成并增强其归属感和自豪感，使其初步规划合适的职业发展道路，从而安心工作。这个过程被称为保教人员的幼儿园"组织化"过程。文化激励在规范保教人员的日常工作行为的同时，让新进保教人员在不知不觉中实现身份的改变。

（2）行为激励。行为激励是指用某种富有情感的行为来激励他人，从而达到激发人的积极性的目的。在新进保教人员急需实现身份改变、找到有效教学技能、得到幼儿园认可时，幼儿园管理者可以安排师德高尚、专业素养好的老保教人员与新进保教人员结成对，通过老保教人员的言传身教，帮助新进保教人员成长。

2. 稳定期（4~7 年）

在稳定期，幼儿园管理者应积极创造条件，帮助保教人员确定职业发展方向。成功实现角色转变后，保教人员的职业生涯便进入稳定期。这一时期的保教人员已经具有有效从事保教工作的基本技能，对于保教活动也能适应，同时又对新知识、新技能有着强烈的需求，努力寻找并形成带有个性特征的保教风格。

处于稳定期的保教人员对保教工作富有热情，对工作比较投入。他们处于形成带有个人保教风格的探索中，他们需要更新知识结构、提高保教技能。所以，知识激励可以满足保教人员对知识的渴望，而竞争激励又可以使保教人员更充分地利用资源。

（1）知识激励。处于稳定期的保教人员对新知识的接受比较主动。幼儿园管理者在这个时候要为保教人员的成长提供一些支持性措施，如对保教人员进行在职培训等。知识激励能够满足保教人员对于新知识、新技能的需求，帮助他们提高自身素质，努力从事保教工作，使他们在幼儿园的保教工作中体会到成就感和自我满足感，体会到工作的乐趣和挑战。

（2）竞争激励。幼儿园在用人上要引入竞争机制，实行聘任制和层级薪酬制，竞争上岗，促使更多优秀人才脱颖而出、施展才华。这样不仅给保教人员带来责任感、紧迫感和危机感，还为保教人员的发展提供了平台，能者上，平者让，庸者下，帮助保教人员提高保教水平和综合素质，不断提高保教人员队伍的整体素质。

3. 职业危险期（8~23年）

经过长期的教育工作，保教人员进入职业生涯的中期后，可能会产生职业倦怠。这个时期是保教人员职业生涯的关键时期，走出这个时期，保教人员可以突破自己的局限，探索出自己的保教风格。许多优秀保教人员都是在这个时期产生的。因此，幼儿园有责任和义务帮助保教人员突破这一"瓶颈"。

（1）思想政治激励。思想政治激励指通过宣传教育和思想政治工作的开展激发职工的工作热情。一个人只要树立了正确的世界观、人生观和价值观，就可以在任何条件和任何环境下拥有饱满的工作热情。所以，在保教人员对教育工作的认识发生变化的时候，适时的思想政治教育是必要的。

（2）信任激励。信任激励是指幼儿园管理者要平等地对待保教人员，尊重保教人员的劳动成果，放手让保教人员在自己的职权范围内独立地处理问题，创造性地开展工作，合理地改变工作内容。

4. 保守时期（24~31年）

这时的保教人员大多经验丰富，已经形成自己独特的保教风格。在行业中，他们也成了资深人士，对自己的保教工作充满自信，但是他们容易产生自负情绪，沉醉于已经取得的成就中，看待问题带有较强的主观偏见，并安于现状，居于自己的保教模式，不愿意探索新的保教模式。减少保教人员在这一阶段的自满和退缩是幼儿园管理者所要解决的主要问题。

（1）目标激励。目标激励就是指确定科学、合理的目标，诱发人的动机和行为，进而达到调动个人的积极性、满足个人自我实现需求的目的。对于处于保守期的保教人员，幼儿园可以引导他们设立新的、有挑战性的目标，通过目标的设置，让保教人员突破自己已有的保教模式，发现自己新的职业生长点，重燃职业发展的热情。

（2）情感激励。情感激励是指强化感情交流和沟通，协调领导与员工的关系，让员工获得精神上的满足，激发员工工作积极性的一种激励方式。这一年龄阶段的保教人员压力最大，幼儿园管理者要多与他们交流沟通，了解他们的工作和生活状况，在满足保教人员物质需要的同时，关心保教人员的精神生活和心理健康，增进彼此之间的理解和信任，提升保教人员对幼儿园的归属感，激发保教人员的工作热情。

5. 退休期（第32~39年）

在这一阶段，由于年龄的关系，保教人员即将退出保教岗位。处在这一阶段的保教人员通常情绪比较低落，容易产生失落感。所以幼儿园管理者要给保教人员适当的鼓舞，让这些即将退休的老保教人员仍能以饱满的热情站好最后一班岗。幼儿园管理者对老保教人员要实行荣誉激励，充分重视他们的心理需要，对其工作成绩要给予充分肯定，让他们承担指导、教育青年保教人员的工作，有效地利用他们的智力、经验、知识和技术优势来培养年轻保教人员，为幼儿园的教育教学工作留下宝贵的财产。这样既可以使他们保持原先的工作热情，又可以满足他们的心理需要，让退休的保教人员带着满足和眷恋离开保教岗位。

综上所述，激励是一项系统工程，要想起到激发动机的作用，必须从满足不同职业阶段保教人员的特殊需要出发，帮助保教人员建立合理期望、设置合理目标，提高保教人员的公平体验效率，多角度、全方位地进行规划和设计。

第三节　幼儿园保教队伍的职业发展及培训

一、保教队伍的职业发展

（一）保教人员职业发展规划

职业发展规划是指个人与组织相结合，在对职业发展的主客观条件进行测定、分析、总结的基础上，对自己的兴趣、爱好、能力、特长等进行综合分析和权衡，结合时代特点，根据自己的职业倾向，确定最佳的职业奋斗目标，并为实现这一目标做出行之有效的安排。制订职业发展规划可以帮助保教人员真正了解自己，筹划未来，拟定一生的发展方向。保教人员职业发展规划的本质不仅是实现保教人员专业发展的目标，还是保教人员人生快乐与幸福的源泉。

保教人员职业发展规划不仅是帮助保教人员成长的手段，还逐渐成为有远见的幼儿园的关键性战略资产。制订发展规划，主要从组织和个体双方来采取措施，以减少盲目性和模糊性，提高针对性和有效性，改善保教人员的职业发展状况。

幼儿园保教队伍建设是一项长期工作。幼儿园管理者应用发展的观念，处理好幼儿园现实工作与长远利益的关系，根据幼儿园工作的实际情况，将保教工作发展的长期规划与工作安排结合起来，制订保教队伍培训发展方案，并将其纳入全园总体发展的目标规划体系。幼儿园管理者要根据幼儿保教人员的不同情况，将保教人员划分层次，对不同层次的保教人员提出相应的培养目标；在管理实践活动中，还要充分利用现有的条件，结合各阶段的工作重点，对不同岗位人员提出不同要求，在明确目标的情况下，采取各培养措施，有计划地展开培训工作，逐步建设一支高质量的保教队伍。

（二）保教人员职业发展策略

影响保教人员发展的因素是多方面的，有个人水平、能力等方面的因素，也有幼儿园及社会大环境的因素。保教人员在制订职业发展规划时，要充分考虑这些影响因素，进而最大限度地发挥职业发展规划的可执行性。

1. 提高保教人员对职业发展的认识

幼儿园管理者首先应该充分认识到，职业发展规划设计、开发和管理是吸引人才、培养人才、留住人才的一种有效方法。因此，应以人性化的方式提高保教人员的职业发展意识，使他们认识到，一个人在职业发展中应该有目标、有规划，并在目标实现和规划执行过程中通过增加知识、提高技能、增强竞争力来获得发展，进而提高自己的职业生活质量。

2. 加强幼儿园人力资源需求的分析

保教人员要想进行切实可行的职业发展设计，必须了解幼儿园的人力资源需求，包括岗位变动、岗位空缺、岗位要求等状况，将自己的职业发展设计与幼儿园的发展需要相结合。因此，幼儿园管理者必须加强人力资源需求分析工作，并将组织的发展方向、职业需求状况、职位能力要求等信息传递给广大员工。

3. 提供职业发展的咨询和指导

保教人员的职业发展规划和职业发展开发不是仅靠保教人员个人力量就能解决的，而是需要得到幼儿园管理部门的支持。这种支持的重要体现，就在于能为保教人员提供必要的咨询和指导，因为只有幼儿园管理者才能充分认识到岗位的特征和要求，清楚保教人员的职业兴趣和职业能力，能够真正帮助其确定切实的职业发展目标和制订有效的职业发展规划。

4. 加强职业发展的培训与开发工作

职业发展管理不是简单地对"人们如何做事"的管理，而是对"人们如何发展"的管理。从培训的角度来说，幼儿园管理者至少应该掌握以下三条原则：一是培训必须贯穿个体职业发展之始终，必须根据个体职业发展不同阶段的不同发展任务，对其进行持续而有针对性的培训；二是培训务必关注专业素质的综合提升，包括专业知识、专业技能等方面；

三是培训务必科学化，即减少培训工作中出现的随意性。在培训需求分析、培训目标选择、培训战略制订、培训过程控制、评选活动评估等方面，提高科学化程度，以对职工的职业发展进程真正起到推进作用。

5.确定不同职业发展道路和不同职业发展策略

幼儿园中存在一些性质、内容、特点各不相同的工作和岗位。在制订工作计划时，幼儿园管理者应根据保教人员的专业发展水平和职业优势，使人员配置达到最佳状态，并给予保教人员升迁和工作变换的机会。保教人员的职业发展是有阶段性的，不同阶段的保教人员具有不同的专业能力、心态和目标。幼儿园要正确认识各阶段保教人员的特点，有针对性地采取合理的激励措施和激励策略等，最大限度地激发保教人员的潜能，调动保教人员的积极性，引导保教人员向正确和持续的方向发展，帮助保教人员顺利度过入职的适应期和调整期，避免职中期的停滞和倦怠，减少职业发展后期的退缩和低落，使其职业得到更加完善的发展。

二、保教队伍的培训

（一）幼儿园保教人员培训的内容

1.职业道德教育

幼儿园管理者通过思想政治工作，引导幼儿园职工正确认识保教人员职业的社会价值，树立保教人员神圣的职业观念，培养敬业精神，强化角色意识，自觉以保教人员的身份去规范和引导自身行为。

幼儿园管理者要根据国家的有关规定，参照地方行政部门颁发的《幼儿园教职工职业道德规范》，结合本园实际，制订出更为具体、详细的幼儿园工作规范，并通过多种途径广泛宣传，使保教人员切实掌握并执行。

2.业务水平培训

幼儿园保教人员的业务水平与保教质量息息相关，因此要加强业务培训，强化职业能力，包括文化科学知识的学习，教育观、儿童观的观念，学前教育理论的学习，教育技能、技巧的提高等。

（二）幼儿园保教人员培训的方法

对保教队伍的业务培训要注意结合本园保教工作实际，提高实效。培训工作要本着"业余为主、自学为主、重视岗位培训"的原则，采取多种形式进行。其中岗位培训是幼儿园保教人员业务培训的重要形式，它能够将教职工的进修学习与工作实践结合起来，学以致用。幼儿园管理者应鼓励职工进修，形成风气，并努力为教职工自学进修创造条件，同时建立和完善进修学习考核制度，将进修学习成绩纳入教职工业务档案。

1. 鼓励自学进修，提高学历

学前教育的发展要求幼儿园保教人员提高学历，因此，幼儿园管理者应提供培训机会和条件，使他们能够全面、系统地学习有关教育理论、技能技巧以及必要的科学文化知识，鼓励他们参加相应的自学或函授学习，提高学历。幼儿园管理者也可以根据实际情况有计划地安排有进一步深造愿望的保教人员进行脱产、半脱产学习，从而取得更高的学历。

2. 进行岗位培训，提高职业能力

幼儿园基本没有富余人员，一人一岗，脱产、半脱产进修只能让少数保教人员参加，否则会影响幼儿园保教工作的正常开展。因此，岗位培训、在职提高是幼儿园提高师资水平的根本途径。岗位培训的专业性强，可有效提高幼儿园教职工的职业能力。

幼儿园岗位培训的方式主要有以下几种。

（1）组织教研活动。教研活动是提高保教质量和保教人员职业能力的有效途径。幼儿园教研活动内容非常丰富，涉及幼儿园保教工作的各个方面。除了本幼儿园的教研活动外，幼儿园保教人员还可参加所在片区、地区，甚至全国的教研活动

（2）组织观摩活动。观摩活动即职工之间互相参观保教活动，相互交流，以起到岗位练兵、提高职工职业能力的作用。观摩活动除在幼儿园内部进行外，还可以扩展到别的幼儿园，在幼儿园内部的观摩活动可以依照日常工作有计划地开展，也可以进行专题性的观摩。在观摩活动结束后，被观摩者自己先"说课"，即对自己组织的活动做一个说明，再进行"评课"，即由全部参加观摩活动者进行研讨；通过观摩研讨，肯定优点并进行学习，还要找出不足进行分析，改进工作，进而提高业务水平。

（3）组织专题讲座。针对幼儿园工作中的实际问题和需要，可以不定期聘请专家学者或有丰富经验的幼儿园保教人员进行专题讲座，也可以有计划、有系统地定期组织保教人员进行专业技能的学习。

（4）组织保教人员参加研习会。幼儿园管理者根据幼儿园实际需要，分批组织保教人员参加各地、各类型的保教人员研习会，以获取最新的保教改革信息，从而不断提高保教质量。

（5）以老带新，以强带弱，加快年轻保教人员的成长。刚参加工作或参加工作不久的年轻保教人员实践经验不够、能力偏弱，有一个经验积累、不断成熟的过程。通过以老带新，由经验丰富的保教人员与之搭配组合；通过以强带弱，形成互补，加快他们的成长。实践证明，这种培训方式是一种行之有效的方法。

（6）开展竞赛评比活动，激发进取向上的精神。竞赛评比活动既可以促进保教人员之间的相互交流学习，也可以激发他们积极向上的进取精神，形成良好的园风。

（7）为保教人员进修创造必需的时空条件。幼儿园要重视教职工业务进修室或图书资料室的建设，有计划地订购书籍及刊物，收集、整理最新幼教资讯，鼓励阅读和交流心得，同时为保教人员安排并保证进修时间。

第七章　幼儿园公共关系管理

第一节　幼儿园公共关系管理概述

一、幼儿园公共关系的概念

（一）什么是公共关系

公共关系简称为"公关"。艾维·李被尊称为"现代公共关系之父"，他开办了第一家正式的公共关系咨询事务所，专门为企业和其他社会组织提供传播沟通服务，协助客户建立和维持与公众的联系，成为公共关系工作职业化的第一人。1906年，艾维·李发表了公共关系活动的原则宣言，提出"讲真话"的基本原则。他主张要准确无误地向公众提供信息，如果真实的披露给组织带来不利影响，就应该根据公众的反应和评价来修正组织的政策和行为。

公共关系是指某一组织为改善与社会公众的关系，促进公众对组织的认识、理解和支持，树立良好的组织形象，实现组织目标而进行的一系列公共管理活动。

（二）什么是幼儿园公共关系

幼儿园公共关系是幼儿园为实现教育目标，有组织、有计划地运用多种传播手段和外部联系，与幼儿园外部的个体和群体之间建立和发展相互理解、支持与合作的关系，以塑造幼儿园的良好形象和创造最佳教育环境的社会实践活动。幼儿园公共关系是社会关系的一种表现形态，任何一个社会组织都不是孤立存在的，都是社会这个大系统中的一个重要组成部分。成功的幼儿园管理离不开良好的内部环境和外部环境，而幼儿园良好的公共关系是其得以生存和发展的重要手段。幼儿园只有主动加强与外部的沟通和联系，了解多方面信息，积极宣传自己，与家长、幼儿、社区等社会公众之间建立起良好的关系，才能在公众中树立良好的形象，从而促进自身的生存和发展。

二、幼儿园公共关系的对象和内容

（一）幼儿园公共关系的对象

幼儿园公共关系的对象即公众，是指那些与幼儿园发生直接或间接联系的，并具有重要影响作用的个人、群体和组织等。根据公众与幼儿园有无归属关系，可将幼儿园公共关系的对象分为内部公众和外部公众两个部分。

幼儿园的内部公众是指幼儿园内部人员，包括幼儿园的全体工作成员，这是幼儿园公共关系的主体；外部公众包括幼儿，幼儿家长，幼儿园的上级领导，幼儿园所在地区的领导部门、社区及附近居民等，是幼儿园公共关系的客体。

（二）幼儿园公共关系的内容

1. 内部公众的管理

幼儿园内部公众的管理首先要处理好幼儿园内部关系，加强内部公众之间的沟通与交流，创造良好的工作、生活和学习环境，使幼儿园成为团结协作、积极向上的集体，树立良好的形象，扩大影响力。

2. 外部公众的管理

幼儿园外部公众的管理要加强幼儿园与幼儿家长、上级领导、所在地领导、社区及附近居民等外部公众的联系，加强自身优势的宣传，扩大知名度，重视与外部公众的关系，与社会公众建立广泛而密切的联系，争取社会各界的支持与帮助，增强竞争实力。

三、幼儿园公共关系的原则

幼儿园公共关系的原则是指幼儿园公共关系主体开展公共关系活动时，应当遵循的基本准则和基本要求。幼儿园公共关系的原则是多角度的，从不同的角度可以提出不同的原则。从幼儿园公共关系的总体原则和总体要求角度来看，幼儿园公共关系有以下 4 个基本原则。

（一）客观性原则

客观性原则是指幼儿园在开展公共关系活动时，收集、传播的信息要切实做到客观、真实、全面、公正等。这是幼儿园公共关系的基本原则，也是对公关人员的基本道德要求。幼儿园要从实际出发开展公关活动，必须树立先有事实、后有公关活动的思想，只有如实地向公众传达信息，才能取信于公众。

（二）互惠性原则

互惠性原则是指幼儿园在开展公共关系活动的同时，既要考虑幼儿园自身的利益，又要考虑到公众利益，根据双方利益的共同点，开展平等互利的真诚合作，共同发展，实现双赢。幼儿园在开展公共关系活动时，要坚持教育发展的正确方向，立足长远，树立公众利益第一原则，以公众需求为导向，要始终把公众利益放在首位，为社会公众提供有效服务，同时广泛听取公众意见，积极做好自身宣传，赢得良好的信誉，为自身的发展创造良好的条件。

（三）全员性原则

全员性原则就是幼儿园的全体人员都要树立公共关系意识，能按照公关的要求，把日常工作与树立幼儿园良好形象联系起来。目前，我国大部分幼儿园都没有专门的公关机构和专业的公关人员。因此，全员公关是幼儿园开展公关工作成功的保证。幼儿园要积极引导和激发全体员工的主人翁意识和公关意识，全员配合，团结协作，共同维护幼儿园的利益。

（四）开拓创新原则

幼儿园在开展公共关系活动时，要具有开拓精神和创新的意识，使其所策划和实施的每一项公共关系活动都有创新，能够最大限度地展现出幼儿园的创新活力和吸引力。

四、幼儿园公共关系的意义

良好的公共关系有利于幼儿园树立良好形象，提高竞争力。在市场经济条件下，幼儿园必须适应市场经济发展的特点，在公众中努力树立起幼儿园的良好形象，赢得良好口碑，以幼儿园的良好声誉和信誉吸引幼儿入园，保障幼儿园的生存与发展。因此，幼儿园在提高师资水平、办出自身特色的同时，要采用公共关系手段加强宣传，提高幼儿园的知名度，增强公众对幼儿园的信心，提高幼儿园自身的竞争力。

良好的公共关系有利于优化育人环境，提高办园质量。幼儿的发展受到来自幼儿园、家庭和社区等诸多方面因素的影响。幼儿园开展公共关系活动，与家长、社区加强信息交流和情感沟通，宣传幼儿园的教育思想、教育目标、教育措施，赢得家长、社区的理解、支持与配合，以此形成教育合力，促进幼儿健康成长。

良好的公共关系有利于引导和组织家长、社区参与幼儿园的教育与管理活动。幼儿园作为社会的一个重要组成部分，处于社会大系统之中，它与家庭、社区虽然彼此独立，但又互相联系，而且联系越来越密切。搞好幼儿园与家庭、社区之间的合作，引导和组织家长、社区公众参与到幼儿园的教育与管理活动中来，有益于幼儿身心的健康发展。

第二节 幼儿园与家长工作的管理

家长不仅是幼儿园的重要公众，还是幼儿的第一任教师，家长对幼儿的影响非常大。幼儿园应该充分发挥家长在教育中的重要作用，取得家长的配合和支持，提升幼儿园教育效果。

一、幼儿园家长工作的意义

家庭从产生的那一天起，就具有多种功能，其中教育是它的基本功能之一。做好家长工作对幼儿园教育有如下作用。

（一）家长是幼儿的第一任教师，也是幼儿园教育的重要力量

人们从小养成的行为习惯，对人的一生都会产生深刻而长远的影响。从家庭到幼儿园是幼儿进入社会的第一步，幼儿能否顺利地适应新生活、新环境，对幼儿的生活习惯、态度、人格的健康发展会产生重要的影响。《幼儿园工作规程》（1996年）中指出："幼儿园应主动与家长配合，帮助家长创设良好的家庭环境，向家长宣传科学教育幼儿的知识，共同担负幼儿教育的任务。"家长参与幼儿园教育，能够极大地促进幼儿身心全面发展。

（二）充分发挥家庭教育的优势，促进幼儿园教育的发展

家庭教育与其他的教育形式相比具有自身发展优势。它具有启蒙性、深刻性、长期性、感染性、针对性、示范性等特点，与幼儿园教育可以相互补充。充分发挥家庭教育的优势，可以促进幼儿园教育的发展。

（三）充分调动家长的积极性，帮助和促进幼儿园改进工作

促进幼儿身心的健康发展是幼儿园与家长的共同愿望。幼儿园教育要想取得良好的效果，必须争取家长的理解、支持和配合。从总体上来看，幼儿园教育同家庭教育的目标、方向、任务是一致的。幼儿园应该让家长了解幼儿园的发展目标、教养方法、规章制度等，并得到他们的理解、支持和配合，充分调动家长的积极性，形成以幼儿园教育为主体，以家庭教育为基础，以社会教育为依托的"三结合教育"格局，形成教育的巨大合力。另外，家长的宣传直接会影响幼儿园的声誉，家长的感受与评价直接影响幼儿园在社会公众中的形象。所以，幼儿园应充分挖掘和发挥家长的资源优势，充分调动家长的积极性，以促进幼儿园改进工作。

二、幼儿园家长工作的任务

家庭是幼儿园重要的合作伙伴，只有通过家长与幼儿园之间的共同配合与合作，才能够为幼儿身心的健康发展提供有利的条件。

（一）让家长了解幼儿园教育工作

幼儿园应充分发挥教育的主导作用，加强家庭与幼儿园的合作，促进幼儿的健康发展，如幼儿园可以召开家长会，向家长介绍幼儿园的基本情况、发展思路、规划与目标等，让家长充分认识幼儿园的规划与幼儿发展的关系，了解幼儿园教育工作。为了给家长留下更深的印象，幼儿园还可以印发一些资料，或在宣传栏中重点宣传，同时请家长积极主动地为幼儿园的建设与发展出谋划策，取得家长的支持和信任。

（二）组织家园同乐活动

家园同乐活动能够给家长提供参与幼儿园活动的机会。家园同乐的活动有很多，活动既充分调动家长的积极性，又可以让家长了解自己的孩子在园中的表现。通过参与幼儿园的活动，家长对幼儿园和孩子会有进一步的了解。

（三）吸引家长参与幼儿教育方面的讨论

幼儿园可以针对家长感到困惑的问题展开讨论。讨论可以用专题讨论会的形式，也可以请家长写书面材料。许多家长不是专业教育人员，不了解幼儿身心发展特点及发展规律，缺乏科学的教育方法，在教育观念和教养方式上存在着很多误区和偏差。讨论可以让更多的家长了解幼儿身心发展特点及规律，引导和帮助家长树立正确的教育观和教养态度，掌握科学的教育方法，改进家庭教育，给幼儿予以积极良好的影响，进而更好地协助幼儿园工作。

（四）成立家长委员会，制订相应的工作计划

家长委员会由园长、教师代表、家长代表等组成，并定期召开会议，一般每学期开学后就应马上成立，并制订出本学期家长工作计划。幼儿园的家长工作是幼儿园工作不可或缺的重要组成部分。所以，幼儿园要根据幼儿园工作计划展开家长工作，制订家长工作计划应多听取家长的意见，并不断调整，使其实用、有效。

三、幼儿园开展家长工作的形式与管理

幼儿园开展家长工作需要一定的形式和管理手段，只有这样，家长工作才能落到实处。

（一）幼儿园开展家长工作的形式

1. 家访

家访是"家庭访问"的简称。家访是幼儿园进行家长工作常用的有效的方式，是一种以访问、谈话为主要方式的个别交流形式。这种形式比较灵活机动、方便，更有针对性。家访的主要目的是了解幼儿家庭的思想、经济、文化等具体情况，了解幼儿的个性特征、行为习惯及其形成的原因，了解幼儿在家里的表现；同时也让家长了解幼儿在园的表现，使教师与家长互相交流教育经验，加强彼此沟通，共同促进幼儿的发展。教师可分批、分类进行家访，分阶段、有重点地进行家访。

教师进行家访要有一定的目的性，家访中要围绕事先确定的目的讨论。家访要事先与家长约定时间，不做"不速之客"。教师向家长汇报幼儿情况时，应首先充分肯定幼儿的优点和进步，切忌只谈幼儿的缺点和不足的"告状式"家访，而应让家长全面地了解幼儿在幼儿园中的表现，使家长能够更好地配合幼儿园的教育工作，以达到促进幼儿全面发展的目的。因此，教师在与家长谈话时，态度应诚恳、友好、自然，并注意讲话方式；要考虑家长的接受水平和家庭条件，不要超越家长和家庭的接受范围，不要损伤家长的自尊心；对于幼儿已经形成的不良习惯，教师可以以建议的方式请求家长帮助幼儿改正。

2. 召开家长会

家长会是教师根据幼儿的具体情况，向家长集体介绍或讨论幼儿园和家庭中教育幼儿的内容与方法，解决幼儿普遍存在的问题的一种方式。这是幼儿园家长工作常用的方式之一，分为班或年级家长会和全园家长会两种形式。家长会大多由家长集体参加，主要是针对大家普遍关心的问题组织会议。家长会的类型多种多样，主要有家庭教育专题讲座、教育经验交流、家庭教育专题讨论或报告、节日或期末联欢等。

家长会效果的好坏和会议的准备、安排有直接关系。幼儿园召开家长会要制订详细计划，包括目标、主持人、时间与地点、对象、内容、形式、准备、具体步骤与过程等；会后还要对活动的效果进行评价，可以是教师的自我评价，也可以通过家长的意见反馈来评价。

3. 便条或电话

便条是教师和幼儿家长进行交流的一种有效手段。教师通过寥寥数语，就可以把幼儿在园中的情况传达给家长。便条可以加强教师与幼儿家长之间的交流，增强幼儿学习和家长教育的信心。需要注意的是，便条的内容要自然、真诚而有意义；否则，便条会流于形式，失去与家长沟通、交流的价值。

电话联系是借助现代通讯工具来进行的一种交流方式。它不仅可以传递幼儿的行为表现，还可以把幼儿在园的情况或出现的问题及时反馈给家长，方便教师及时地与家长商讨解决方法。因此，电话联系比便条更为方便、快捷。

4. 设置 "家长开放日"

家长开放日可定期举行，也可在节假日举行，内容可以是一日或半日活动的参观与听课。家长开放日可以让家长从整体上了解孩子在园里的表现以及幼儿园的教育内容与方法，进而了解幼儿园的日常行为工作。在家长开放日前，幼儿园应做好各项准备工作，包括事先向家长介绍开放日的目的和完整的活动计划，激发家长充分发挥积极参与精神，广泛听取家长对活动的意见和建议，总结经验，避免走过场、搞形式等。

5. 重视 "家长园地"

家长园地是幼儿园与家长沟通的一个重要窗口。家长园地的内容丰富多彩，如家庭教育方面包括幼儿身体和心理的发展、家庭营养知识、家庭教育方法、新的教育观念等；幼儿园方面包括幼儿园近期的教育活动或重大活动、幼儿的作品等，也可以是家长的教育心得、体会等。

家长园地要定期更换。随着家长整体文化水平的提高，教师更应该重视家长园地，而有条件的幼儿园，可以运用传播媒介积极宣传，引导家庭教育科学化等。

6. 请家长参与幼儿园的教育活动

家长是幼儿园的重要资源之一。幼儿园可以充分利用家长中的教育资源，弥补幼儿园教育资源的不足，通过邀请家长参与幼儿园的教育活动，唤起家长的主人公意识，发挥家长参与幼儿园教育活动的积极性和主动性，使家长真正成为幼儿园的合作伙伴，共同促进幼儿的健康发展。

家长参与幼儿园的教育活动包括两种类型。一是请不同职业、不同爱好特长的家长参与幼儿园教育活动，如聘请家长到幼儿园做临时教师，给幼儿上课；带幼儿到家长工作的单位学习、参观；组织一些讨论会，请家长参加，发表意见等。二是幼儿园亲子同乐活动，如请家长携子女参加幼儿园组织的郊游活动、游戏活动、节庆活动等。

请家长参与幼儿园的教育活动之前，教师必须先确定教育活动的类型，拟订教育活动方案。活动方案主要由活动名称、活动主持者、活动对象、活动时间、活动地点、活动目标、活动准备、活动过程、活动效果评价等几个方面组成。

（二）幼儿园开展家长工作的管理

1. 成立家长委员会

家长参与幼儿园管理最常见的形式是组织家长委员会。家长委员会是幼儿园家长之间工作的重要组织，它将幼儿园与家长紧密联系起来，是幼儿园与家长联系之间所构建的桥梁。家长委员可由家长互相推荐，也可由教师推荐。所推选的家长委员要有一定的代表性，愿意为家长服务，有一定的教育能力、组织能力，教育子女效果好，为人正派，有威信，对幼儿园的工作热心等特点。此外，特别要物色好家长委员会的主要负责人。

家长委员会可以有不同的层次，有园级的、年级的和班级的。不同层次的家长委员会分别参与相应的管理工作。

2.让家长成为幼儿园的管理者

重视家长工作，把家长工作作为幼儿园管理工作的重要内容之一。幼儿园可以通过向家长发放家长问卷、家园报，通过家长接待日、家长委员会和家长会等多种渠道，了解和搜集家长对幼儿园管理、教育教学、师德师风、幼儿膳食等方面的想法，并提出相应的意见和建议，积极参与幼儿园的管理，以便更好地为家长服务、为幼儿服务，不断地提高幼儿园的办园质量和管理水平。

3.加强计划性

为了加强对幼儿家长工作的管理，幼儿园应把家长工作列入议事日程，在每学期的园务计划和班级保教计划中，考虑安排家长工作的内容。与此同时，幼儿园对教师的家长工作要定出明确的目标，如必须对每位幼儿进行家访、每学期应该组织数次家长活动等。定的指标要容易操作、符合实际。

4.建立监督机制

幼儿园家长工作关系到幼儿的发展，关系到幼儿园的教育质量，所以对教师开展的家长工作要建立长效监督机制，可以随时记录、随时抽查。一旦发现教师没按要求做，就应给予相应的处罚；对做得好的教师要给予鼓励。

第三节　幼儿园与社区工作的管理

幼儿教育是涵盖幼儿园、家庭、社会的全方位教育，它以园内教育活动为主，充分利用和开发社区幼儿教育资源，把社区幼儿教育作为幼儿园与社会之间的桥梁，关注社会因素对幼儿产生的巨大影响，为幼儿的社会化发展创造条件，促进幼儿全面、健康发展。所以幼儿园必须与社区紧密联系，使幼儿园在与社区的互动中不断发展，促使幼儿教育的形式更加多样化，促进幼儿全面发展。

一、社区教育的概念及意义

（一）社区教育的概念

"社区"是一种区域性或地区性的概念，是指由居住在一定区域范围内的人们所结成的文化生活共同体。随着我国社区建设的发展，社区的功能越来越向综合化方向发展，教育已成为社区重要的功能之一。社区教育是由社区内为儿童或全体居民提供的文化教育设施和开展的教育活动组成的，是多层次的、多内容的、多种类型的社会教育。

（二）社区教育的意义

1. 优化幼儿的生活环境

社区丰富的资源对幼儿园是极大的支持，社区是幼儿走出家庭直接接触的"社会"。生活在同一个区域里的人们，拥有共同的社会习俗，受共同文化氛围的渲染，社区成员之间易形成共同的观念与意识。长期积累形成的民风民俗、道德风貌等，都会对幼儿产生潜移默化的影响。通过社区教育，实现社区全体成员整体素质和文明程度的提高，有助于提升社区成员的生活质量，有利于营造文明、良好的家庭气氛，改善社区的自然居住环境和人文居住环境，更有利于儿童的健康成长。

2. 为幼儿提供更多的受教育机会

一般城市社区的资源很丰富，有多种经济实体、文化教育中心和医疗保健中心等。幼儿园可以充分利用社区的设备和资源，为幼儿提供更多受教育的机会。

3. 为构建终身教育体系、建设和谐社会打下良好的物质基础

社区教育是实现终身教育的重要形式，是构建终身教育体系不可或缺的物质平台。社区教育作为与学校教育、家庭教育并列的社会教育的一种，能充分发掘和统筹社区资源，使得多种学习型组织不断发展，终身教育体系逐步建立。发展社区教育，构建终身教育体系，可以弥补普通国民教育体系的不足，最终实现终身教育体系与普通国民教育体系的有机结合，为建设和谐社会打下良好的基础。

二、幼儿园与社区合作

社区是幼儿园教育的重要资源和支持力量，是幼儿社会化发展的重要条件。幼儿园应加强与社区的联系，主动寻求社区的支持，积极开展与社区的合作，促进幼儿园自身建设和社区建设，为幼儿的全面发展创造条件。

幼儿园与社区合作的方式主要有如下几种。

（一）立足实际，为社区居民服务，解决社区居民的后顾之忧

幼儿园地处社区，为社区居民服务是义不容辞的责任。幼儿园应本着优先照顾、优惠入园的政策，及时了解社区居民的需要，不断完善幼儿园的工作。为了更好地为家长服务，幼儿园必须与社区建立紧密的联系，想社区居民之所想，急社区居民之所急，努力为社区居民创造良好的幼教条件，及时满足家长和幼儿合理的需要。

（二）促进社区学前教育网络的形成

幼儿园是专门的幼儿教育机构，在幼儿教育方面占有明显的优势。为了加强与社区的联系，幼儿园应主动向社区延伸，发挥幼儿教育的主导作用，带动社区幼儿教育的发展，

通过与社区的联系，配置相应的设备，积极组织同台活动等，形成社区幼儿教育网络，共同促进幼儿的发展。

（三）通过家庭，推动幼儿园与社区合作

幼儿园与家庭的合作，也是幼儿园与社区合作的一种形式。通过为家长提供多种服务和请家长参与幼儿园的教育活动，可以加强校园与家长之间的沟通交流，促进社区居民的相互了解与沟通，共同促进幼儿的身心发展。

三、建立幼儿园、家庭、社区三结合教育体系

幼儿园与家庭教育、社区教育的融合互动，不是幼儿园和家庭、社区的简单相加，而是把家庭、社区作为幼儿园教育过程中有效的社会教育资源，使家长、社区成为教师的积极合作者参与到教育中去。这不仅意味着幼儿园教育资源的扩大，还蕴含着幼儿园办园理念和制度的重大变革。坚持"以人为本"的原则，充分利用家庭与社区丰富的教育资源，重视幼儿园的教育资源，扩大教育的空间，拓展教育的途径，构建以幼儿园为主导，家庭、社区相结合的教育合作共同体，形成幼儿园教育、家庭教育与社区教育共同促进幼儿健康成长与全面发展的合力。同时，幼儿园应积极地构建吸引家庭、社区参与的机制，主动参与家庭、社区文明创建活动，创造性地为家庭教育和社区幼儿教育服务，在服务中求生存、求支持、求发展。

第八章　幼儿园保教工作管理

第一节　幼儿园保教工作概述

幼儿园教育管理工作是整个管理的核心，其最大的特点是保教结合。保教工作是幼儿园教育的中心工作，保教工作的开展水平，不仅展现了幼儿园的办学水平，还直接影响幼儿园的教育质量水平。

一、幼儿园保教工作的含义

幼儿园的保教工作是保育和教育工作的简称，是指按照幼儿发展的规律和特点，对幼儿园保育和教育工作进行计划、组织、指导和控制等管理的活动。"保"就是保护幼儿的身心健康。健康的内涵十分广泛，有身体方面的，有心理方面的，还有社会方面的。其中，身体方面包括预防疾病，加强营养和锻炼，使幼儿拥有健康的体魄；心理方面是指培养幼儿良好的情绪，注重对其进行健康、积极的情感培育；社会方面是指培养幼儿探索环境、适应社会的能力，同时还要培养幼儿良好的交往能力，使幼儿不仅有与他人交往的勇气，还能掌握与他人交往的技巧等。

"教"即幼儿园的教育教学，这是按照体、智、德、美全面发展的要求，有目的、有计划地对幼儿进行全面发展的教育，如合理安排幼儿的饮食、睡眠，帮助其养成良好的生活习惯；传授知识经验，发展其智力、语言及社会适应能力；培养其积极的情感和良好的个性品质等。幼儿园教育具有不同于中小学的特殊性，要从幼儿的年龄特点和能力需要出发，加以合理组织安排。

二、幼儿园保教工作的地位

（一）保教工作是幼儿园的中心工作

之所以说保教工作是幼儿园的中心工作，有三个原因：第一，幼儿园是教育机构，教育幼儿是首要任务，其他工作都是为教育工作服务的；第二，幼儿园的目标是培养人，为了实现这一目标，必须将保教工作放在中心位置；第三，幼儿园保教工作目标对其他工作目标具有很强的指向作用。保教工作在幼儿园整体工作中的地位，决定了保教管理工作是幼儿园管理的核心和关键。

（二）保教工作是落实双重任务的主要途径

幼儿园是对三周岁以上学龄前幼儿实施保育和教育的机构，是基础教育的重要组成部分，是学校教育制度的初级基础阶段。从幼儿园的性质可见，幼儿教育不同于其他阶段的教育，具有教育性和社会福利性、公益性的特点。所以，幼儿园的双重任务是相辅相成的，偏废任何一方都是错误的。其中，保教好幼儿是基础，是主导和创设幼儿园的根本目的。保教人员按照幼儿发展的规律和特点，对幼儿实施保育和教育，通过保教好幼儿实现为家长服务的目的。

三、在幼儿园管理工作中实施保教结合原则的措施

保教结合原则是指保育和教育同时对幼儿发展产生整体性的影响。"保"中有"教"，"教"中有"保"，"保"与"教"相互渗透、紧密交织、不可分割。坚持保教结合的原则，并将其渗透到幼儿园教育的各个环节，是保教管理工作的基本任务。

（一）树立保教结合的管理观念

教育思想的管理是管理工作的关键。为了做好保教管理工作，必须了解保教结合的意义，树立正确保教结合的管理观念。

1. 保教结合，促进幼儿整体发展

保教结合是一个整体概念，"保"和"教"是教育整体的不同方面，保教结合有利于促进幼儿整体的发展。幼儿保育不仅包括身体的健康发展，还包括心理的健康发展和良好的社会适应能力。幼儿园教育工作是结合幼儿的年龄特点，设计专门影响幼儿的身体、认知、情感、社会性等方面发展的有目的活动，目的在于既保证幼儿的身心健康发展，又为幼小衔接做好准备。

2. 保教相互融合、渗透，构成有机整体

保育和教育虽然是两个不同的概念，但是它们对幼儿的发展却具有整体性的影响。因为幼儿身心发展是一个统一的整体，所以保教对幼儿的影响也是统一的。"保"与"教"既有区别又有联系，它们之间相互结合、相互渗透，构成不可分割的统一体。这正是我们常说的，"教"中有"保"，"保"中有"教"。

"保"中有"教"，意味着保育中含有教育的因素。从保育的目的看，保育不仅要保护幼儿，使其不受到伤害，促进幼儿身体健康成长，同时也要对幼儿进行健康教育，让幼儿充分认识到健康的重要性，掌握必要的健康知识和身体保护的简单措施，养成积极的生活态度、良好的行为习惯和健康的生活方式。

"教"中有"保"，意味着教育中渗透着保育的内容。幼儿教育常常是从保育开始的。因为幼儿年龄小，许多生活习惯尚未养成，所以教师总是先教幼儿最基本的生活常识，如

怎么吃饭、穿衣、大小便。这既是保育，也是教育。通过学习基本的生活常识，幼儿不但掌握了相应的健康知识，也学会了日常生活技能。保育与教育是在同一个过程中实现的，而不是独立进行的。

（二）将保教结合原则落实到具体工作中

为了将保教结合原则落实到具体工作中，可从以下几方面入手。

1. 将保教结合工作纳入全园的工作计划

全园工作计划要充分体现保教结合原则，通过保育达到教育的目的，在教育活动中树立保健意识、增强自我保健能力等；同时，要引导教师在制订班级工作计划时，注意在一日生活的各项活动和各个环节中，自始至终保持保育工作与教育工作紧密结合。

2. 在具体工作安排上要体现保教结合原则，将教育因素渗透到健康领域

在教养过程中，教师要注重创设轻松活跃的教育氛围，与幼儿之间应形成良好的、愉快的人际心理环境；同时，还要在工作安排上尽量做到"保"中有"教"，强调保护和增进幼儿的健康，增强幼儿生活自理能力，增强幼儿安全意识和自我保护能力，充分发挥保育的教育作用。

3. 在人员的分工上要注意保教工作的结合

一方面，各班都要配备教师和保育员；另一方面，教师和保育员的工作既要有分工，又要有合作，真正将保教结合落实到班级工作中去。

（三）发挥管理的导向作用，确保保教结合原则的落实

要贯彻保教结合原则，必须充分发挥管理的导向作用。管理者提倡什么、反对什么，常常会影响或左右组织成员的行为。园长、保教主任对保教工作的要求不能仅限于正规教学，而应注重对一切保教活动的整体效益进行检查、评定，进而发挥正确的管理导向作用，使这一原则真正得到贯彻落实。

总而言之，就幼儿园管理工作而言，保教管理工作是重中之重，是确保幼儿园实施全面发展教育的保证，是达到优秀教育效果的出发点和归宿。落实保教结合教育原则的思想，必须与幼儿园各项工作密切结合，与幼儿一日生活整合，才能促进幼儿全面、健康、和谐发展。

第二节 幼儿园保教管理的组织和实施

一、幼儿园保教工作的组织结构

保教工作的组织机构在不同规模或不同教育模式的幼儿园有所不同。一般来说，六个班级以上规模的幼儿园，需要配备专职业务园长或保教主任，在园长领导下，主管机构的保教工作，负责指导各个班级保教工作的实施。

目前，幼儿园在班级人员配备上普遍采用的形式主要有如下几种：每班两名教师、一名保育员；每班两名教师；每班两名教师，两三个班级共用一名保育员或卫生人员；每班一名教师、一名保育员等。

二、幼儿园保教工作的实施

班级是幼儿园的基层组织，是落实幼儿园保教任务、实现教育目标的基本单位。班级是由幼儿和保教人员共同组成的集体。对幼儿而言，班级是一个日常生活和学习的环境，班级保教工作的成效直接影响幼儿的健康成长。所以，作为担负全班幼儿全面发展教育责任的保教人员间要协调配合，共同制订班级工作的目标与计划，全面安排幼儿的生活与教育，积极创设适宜于幼儿发展的环境，保教合一，以促进幼儿健康、快乐的发展。

（一）班级保教工作的特点

班级保教过程包括保教工作和管理工作，二者同步进行，即保教过程也是管理过程，二者在教育目标上是一致的。班级保教工作不但承担教育任务，而且承担保育任务。班级保教工作具有以下几方面的特点。

1.保教目标明确，体现教育性

保教是幼儿园工作的中心。班级的保教工作具有更直接的针对性，它针对本班幼儿实际，把教育目标真正落实到幼儿身上。

班级的一切工作、一切教育与管理手段对幼儿均具有直接的影响，如一日生活的安排和落实、各项教育活动的安排、室内外环境的创设与利用、班级保教人员的言行举止等都直接影响幼儿的成长。

2."保"和"教"相结合，体现全面整体性

"保教"是一个整体概念，"保"和"教"是幼儿园教育整体的不同方面，同时对幼儿的全面发展产生积极影响。幼儿身心稚弱，缺乏独立行为的能力，所以班级保教人员不

仅要给予他们细致的养护和照顾，还应教育好他们，培养其对外界环境的适应性和自我保护能力。

保教人员应树立全面、整体的教育理念，将培养幼儿全面发展的教育理念贯穿到各种活动之中，在实施教育的过程中应注意途径和手段的全面性，注意内容和方法的整体性，真正发挥教育的整体效能。同时，保教人员应面向全体幼儿，既照顾到全班整体水平，提出基本要求，又兼顾到个别，有针对性地对其加以引导，处理好一般与个别、统一与多样的关系，使每位幼儿都能得到充分的发展。

3. 保教人员配合，体现主导性

班级保教人员在保教过程中起主导作用，担负着培养人才的重任。保教人员要确定目标、选择内容、设计方法、安排时间和步骤环节，使保教过程科学、合理、有序地推进，不断接近教育总目标；保教人员要积极组织创设和利用有利条件，注意消除和减弱不良因素的影响。在具体的教育活动中，与幼儿的双边相互作用的过程中，保教人员作为矛盾的主要方面，激发起教育对象的积极能动性，引导幼儿的发展方向。

幼儿身心发展尚未成熟，处于迅速发展过程中，因此保教人员的主导作用显得尤为重要。保教人员要在认真观察、充分了解幼儿的基础上，选择适宜的教育内容与方法，为幼儿提供大量参与活动、实践的机会，激发他们的兴趣，通过直接或间接的引导方式，调动其个体内在的活动动机，促进幼儿主动发展。

4. 发挥集体作用，体现协作性

班集体是实施保教工作的最重要的场所。教师要特别注意创设良好的集体氛围，充分发挥幼儿群体或集体的影响力，以及幼儿之间的相互作用、相互影响，使幼儿在集体环境中学习社会生活所必需的知识和技能，培养正确对待自己、他人和集体的态度和行为，培养良好的社会适应性等。

班级保教工作的协作性要求保教人员根据幼儿园总的教育目标，共同制订班级教育计划，在教养过程中，密切协调配合，保持教育的一致性和一贯性，注重教育和保育的有机结合，共同实现保教任务。

5. 保教形式多样，体现创造性

幼儿的身心发展特点决定了幼儿园大量的教育是在一日生活和游戏中进行的。保教形式多种多样，如教学、一日生活、游戏、观察、劳动等，其中非正规教育的比例更大。幼儿年龄小，可塑性大，为教育留下很大的空间；同时，幼儿存在着个体差异，若采用统一的模式是难以取得良好的教育效果的。所以一方面，保教人员要注意研究分析并发掘一日生活中各种活动的多方面教育功能，合理组织，发挥整体效益；另一方面，保教人员要深入研究本班幼儿的特点，注重在一日教养活动中，创造性地处理问题，善于抓住教育契机，发挥教育机制，因势利导，把教育工作的计划性与灵活性很好地结合起来，力争班班有特色、班班有创新。

6. 家园合作，体现开放性

教师应主动与家长联系，沟通情况，交换意见，相互学习交流，对幼儿进行配合一致的教育，提高教育质量；要加强与社区的联系，取得广泛的支持与协助，充分利用社会资源，开展好班级保教工作。

（二）班级保教工作的内容

班级保教工作涉及保教幼儿的一切教育活动及对活动的组织管理，归纳起来包括这样几个方面的内容：制订适宜的教育目标和计划；保教结合，全面安排幼儿的生活和活动；创造适合且可以促进幼儿发展的环境；做好班级卫生、安全工作；与家庭、社区密切合作，综合利用多种教育资源促进幼儿发展。

（三）班级保教工作计划

保教工作计划是园务计划的重要内容。全园保教工作计划是通过班级保教工作计划的制订和实施贯彻而落实的。

1. 班级保教工作计划的内容

班级保教工作计划是班级工作的开端和重要依据。它体现了教师对班级工作的设想与思路，可以避免盲目性。班级计划主要包括以下内容。

（1）分析班级情况。分析并掌握班级工作情况是制订班级计划的前提。班级计划的针对性要强，必须根据本班的实际情况来进行制订。教师制订计划前首先要注意：①掌握基本情况，包括幼儿的家庭情况、受教育情况、身体状况、个性特点等；②对本班情况进行分析，包括班级的基本特点、主要优势与不足、解决措施等。

（2）确定班级工作目标。班级工作目标要与幼儿园工作目标相一致；每个阶段制定的目标不宜过多；面对问题时，要根据轻重缓急排序，先解决影响面大、最重要的问题。

（3）制订措施。对亟待解决的问题制订措施和办法是工作计划的核心部分。对于比较重要的事情要预备多种方案，以备不时之需。如果涉及其他部门，就应该事先沟通，就能避免出现麻烦。

（4）安排重要工作。对于那些对幼儿身心发展有直接影响的重要工作，要做详细的计划安排。

2. 班级保教工作计划的种类

常用的班级教育计划主要有四类：学期计划、月计划、周计划及日计划。

（1）学期教育工作计划（通常指班务计划）的制订，要以教育方针政策及园、所目标任务为依据，充分考虑幼儿年龄发展的一般特点，并结合本班幼儿的实际。它包括班级的基本情况分析、新学期工作目标、工作的具体要求和新学期将采取的主要措施等。

（2）月教育工作计划是对学期教育工作计划的任务分解，即将学期教育工作计划分解到每个月，逐月制订班级工作计划，且每个月的工作计划相互联系、互为前提。当月计划一定要在总结前一个月计划执行的基础上制订，是学期教育工作计划的具体化。

（3）周教育计划是对月教育计划的分解，即将月计划任务分解到每周，使计划更加具体、明确。制订周教育计划时，应根据工作的轻重缓急和先后主次，确定一两项工作重点，并注意将一般常规性工作与重点工作结合起来。

（4）逐日教育活动安排是对周教育计划的分解，将周教育计划落实到每一天，一般可以根据全天保教的时间程序，对每天的具体活动内容（自幼儿入园至离园）做出大致规定。

3. 班级保教工作计划制订的步骤

制订班级保教工作计划大体上可以分为以下 4 个步骤。

（1）认真研究上学期工作总结。班级保教人员须研究上学期工作总结，分析哪些工作落实了、哪些工作还没落实，找出工作中存在的不足，并及时改正，分析原因，为制订新计划做准备。

（2）认真研究园务工作计划。园务工作计划为班级工作计划确定了方向，应据此制订班级工作计划，从而做到园班一体、目标一致。但是，班级实际情况各不相同，所以还要结合本班的实际情况，创造性地开展工作。

（3）共同讨论，确定主要内容。班级计划要由班级全体教师共同讨论，最后形成较一致的意见。

（4）撰写班级工作计划。计划要形成文字，起到提示、监督、检查的作用等。计划的文字要简洁明了，也可以用表格的形式来呈现。

4. 班级保教工作计划的执行

班级计划的执行，一般要经过以下几个阶段。

（1）传达布置，使每一位教师都明确班级计划及制订计划的意义，了解计划的目标、工作重点和步骤安排等，从而自觉地执行计划。

（2）落实责任，把工作任务分配给每位教师，保证计划得到落实。

（3）加强协调，为了保证班级计划的实施，要加强协调，使班级教师相互配合。

（4）深入督导。管理者要深入班级，了解班级计划的执行情况，掌握工作进展，督促、指导、帮助教师在保教实践中端正教育思想，改进教育方法，发现问题并及时解决等。

5. 班级保教工作计划的效果检查

管理者应通过认真、细致的观察，了解教师组织教育活动的情况和工作情况，检查计划的执行效果。

在教育活动的现场做检查时，可以着重了解以下信息。

（1）班级环境状况，包括材料准备、教育环境的创设、卫生条件等。

（2）活动设计程序是否合理，是否动静交替、室内外结合，活动时间是否符合作息制度、是否充分，团体活动与个别活动、教师安排的活动与幼儿自选活动是否平衡等。

（3）教师与幼儿相互作用的情况。如对教育活动方案的检查可以从以下几方面考虑：在整个活动过程中，教师如何引导幼儿注意，提出活动任务指导方法，活动程序如何进展；如何激发幼儿的兴趣，促进其积极主动活动、操作；有无根据幼儿个人特点予以引导，幼儿的行为表现如何；教师对幼儿说了什么、做了什么、幼儿有什么反应等。

（4）教师如何依据计划实施教育，并注意随机教育以及在场的其他保教人员如何配合等。

总而言之，管理者要对计划实施的效果做出有说服力的分析，对教师给予有针对性的指导和帮助。检查记录的内容一般包括被检查教师的姓名、班级、日期与具体时间，活动内容记录，分析与评价，改进工作的意见与建议等。也可以根据自身需要设计不同的记录格式。检查可以是对一日活动的组织或某一教育活动的检查，也可以是专门对某一方面工作的检查。

6. 对保教工作总结评价的指导

幼儿园管理者对保教人员的总结评价进行指导，也是保教计划效果检查的重要内容。管理者可以从以下几方面对保教工作总结给予指导和提出要求。

（1）将总结经验与发现问题相结合。一方面，幼儿园管理者应帮助教师发现先进经验和工作中的创造性因素、特色等；另一方面，应指导教师探索造成失误的原因，寻找规律，以便及时改进工作。

（2）将总结与交流评比相结合。幼儿园管理者要推广先进经验，促进相互学习，形成追求进取、互帮互学的良好风气。

（3）将互评与自评相结合。幼儿园管理者在深入班级、指导计划的执行和对执行效果检查的同时，应当引导保教人员对保教计划或课程计划的实施及效果进行自我检查和互相检查。

三、保教常规管理

保教常规管理就是对保教工作的时间、程序和内容要求加以规范，以确保保教工作能够正常运转。

（一）保教工作秩序的建立

只有建立严格的保教工作秩序，才能确保保教工作正常运转。

1. 合理安排时间

保教工作的管理首先是对时间的管理，其次保教人员要合理地安排好一日工作时间和幼儿生活作息制度。

2.建立保教工作制度

保教工作制度包括保教计划与记录制度、备课制度、保教人员常规工作检查制度等。制度可以规范工作行为，帮助建立良好的秩序。

3.增强保教人员的责任感

增强保教人员对幼儿全面负责的意识，将幼儿一日生活常规与保教人员工作职责有机结合。

4.协调各方面的工作关系

幼儿园是一个整体，幼儿园工作是系统工程，各部门既有分工，又要协调配合，这样才能较好地实现幼儿园的工作目标。

（二）班级常规管理

保教工作的全面整体性要求班级保教人员之间协同配合，全面安排幼儿的日常生活与教育，共同完成保教任务。

1.日常工作的程序化

日常工作的程序化是依靠建立班级生活制度和常规，以及保教人员一日工作的程序化来实现的。

（1）狠抓班级生活制度和常规的建立。幼儿园的教育既有教育，也有保育。幼儿年龄小，不善于管理自己的生活和行为，所以生活和学习常规成了重要的内容。牢牢抓住班级常规建设，有利于工作程序的顺利开展。

（2）保教人员一日工作的程序化。保教人员工作程序化是班级工作程序化的关键。保教人员应对幼儿的一日生活进行分析研究，遵循幼儿年龄特点及教育规律，制订工作程序，并严格按照程序开展工作。

2.日常工作的秩序化

日常工作的秩序化也是班级管理的重要内容，它主要是指工作衔接的合理、紧凑；而程序化则主要是指工作的条理性和有序性。程序化是秩序化的前提和保证，秩序化为日常工作管理提供了基础。实现日常工作秩序化的方法有如下几种。

（1）列表。列表是一种十分有效的方法。把工作按照轻重缓急，排出先后顺序，用表格列出来，并设定所需的时间与完成的期限，这样既鲜明，又形象。

（2）记录。保教人员应准备一个记事本，将每天已做、没做、准备做的事情都记在上面，尤其要把必须完成的事记在上面以提醒自己，在教学时如有心得体会，也要及时记录下来，等有时间的时候再细想，就会有收获。

（3）反思。保教人员反思自己每天的工作，看看哪些方面做得好、哪些方面还做得不够，做到及时纠正。

3. 日常工作的科学化

班级管理应该体现出管理的科学性。日常工作科学化意味着班级管理的规范化与系统化，这里既包括内容方面，也包括方法方面。

（1）日常工作科学化的内容

①安排好时间。时间是最重要的管理因素之一，善于管理时间是管理者的基本素质。首先，根据幼儿的年龄特点，遵循保教结合、劳逸结合、动静结合、正规教育和非正规教育结合等的原则，科学地安排一日活动。这就需要解决三个问题：什么时间做？做什么？怎么做？科学安排幼儿的一日活动，可以保证幼儿在有限的时间内掌握和学习那些对他们该阶段发展最重要的事情。其次，教师要科学地安排自己的时间，将自己每天的时间分成几部分，如工作时间、生活时间、学习时间等，学会处理好各部分之间的关系。

②建立相应的规章制度。科学的制度可以保证日常工作科学化的完成。教师要想使自己的工作更加科学化，首先要结合本班的具体情况，建立科学的制度，如保教计划与记录制度、备课制度、常规工作检查制度、家长工作制度等，并逐渐完善这些制度。

③有效利用多种资源。资源包括很多方面，如人、财、物、时间、空间、信息等。保教人员要科学地使用和利用资源，做到人尽其才、物尽其用。

（2）日常工作科学化的方法

①树立科学的观念。科学行为必须受科学观念支配，没有科学的观念就没有科学的行为。保教人员平时要多注意收集资料，了解幼教发展动向，学习幼儿心理学，了解幼儿身心发展规律，树立现代的教育观和儿童观，掌握科学的育儿方法，有意识地运用科学的理论武装自己。

②掌握科学的方法。为了保证日常管理的科学化，保教人员有必要掌握最基本的科学管理方法。

③建立科学的工作程序和秩序。保教人员要将工作安排成有序的过程，并然有序地进行。

参考文献

[1] 华洁琼, 林旻. 翻转课堂教学模式在高职学前教育专业课程中的应用研究——以《学前健康教育课程》为例 [J]. 福建广播电视大学学报, 2016 (5) : 53-56.

[2] 马荣霞, 孙丽花. 基于翻转课堂理念的高职学前教育专业微课设计与应用 [J]. 新校园 (上旬), 2018 (2) : 7.

[3] 孙瑞. "翻转课堂" 在学前教育专业数学教学中的探索与研究 [J]. 吉林广播电视大学学报, 2015 (6) : 22-23.

[4] 黄刚. 翻转课堂在学前教育计算机基础课程教学中的应用初探 [J]. 中国培训, 2016 (16) : 215.

[5] 李少梅. 翻转课堂在卓越幼儿园教师培养中的应用研究——以学前教育原理课程设计为例 [J]. 当代教师教育, 2017, 10 (3) : 62-69.

[6] 彭韵. 从钢琴教学谈关于学前教育专业艺术素养的培养 [J]. 湖北函授大学学报, 2018, 31 (3) : 145-146.

[7] 祁瑞. 中等专业教育学前教育专业钢琴课教学内容与方法创新的思考 [J]. 职业, 2017, 15 (36) : 67.

[8] 赵妍, 蒋文宣. 在学前教育专业钢琴课中奥尔夫教育体系的应用研究 [J]. 戏剧之家, 2017, 26 (21) : 184.

[9] 朱闻静. 对中职生进行柔性管理探析 [J]. 文教资料, 2010 (32) : 116-117.

[10] 郑勇. 论柔性管理在现代学校管理中的应用 [J]. 教育探索, 2004 (5) : 15-20.

[11] 张玉芳. 班主任管理中柔性管理方法的应用 [J]. 中国城市经济, 2011 (1) : 183.

[12] 党荣蓉. 辽宁省学前教育管理信息化应用现状及对策研究 [J]. 中国教育信息化, 2017, 25 (14) : 114-116.

[13] 杨秀婷. 浅谈当前我国中职学前教育管理体制的主要问题及改革方向 [J]. 课程教育研究: 学法教法研究, 2016, 28 (16) : 169.

[14] 姜文婷. 当前我国学前教育管理体制面临的主要问题及其改革方向 [J]. 开封教育学院学报, 2016, 36 (12) : 201-202.

[15] 范明丽, 庞丽娟. 当前我国学前教育管理体制的主要问题、挑战与改革方向 [J]. 学前教育研究, 2017, 23 (6) : 5-9+50.

[16] 刘明远, 张晖. 幼儿教育事业发展与体制改革研究报告 [J]. 幼儿教育 (教育科学版), 2015 (6) : 15-21.

[17] 王春英. 发展农村和贫困地区学前教育是促进教育起点公平的重要举措 [J]. 学前

教育研究，2010（5）：9-10.

[18] 祝贺．地方政府应如何促进普惠性民办园的发展——来自美国学前教育 PPP 模式的经验 [J]．教育发展研究，2016（20）：41-46.

[19] 张更立，阮成武．县域农村学前教育供给：现实困境与改进策略 [J]．教育发展研究，2015（24）：53-57.

[20] 闫婷．学前教育专业舞蹈教学模式的研究 [J]．黄河之声，2013（6）：73-74.

[21] 李辉．我国学前教育发展中的公私合作：模式与特点 [J]．教育发展研究，2012（20）：57-62.